EM CARNE VIVA

Blucher

EM CARNE VIVA

Abuso sexual de crianças e adolescentes

Susana Toporosi

Tradução

Tania Mara Zalcberg

Revisão técnica

Cassandra Pereira França

Myriam Uchitel

Em carne viva: abuso sexual de crianças e adolescentes
Título original: *En carne viva: abuso sexual infantojuvenil*

SÉRIE PSICANÁLISE CONTEMPORÂNEA
Coordenador da série Flávio Ferraz
Publisher Edgard Blücher
Editor Eduardo Blücher
Coordenação editorial Jonatas Eliakim
Produção editorial Bonie Santos
Preparação de texto Bárbara Waida
Diagramação Gabriel Miranda
Revisão de texto MPMB
Capa Leandro Cunha
Imagem da capa iStockphoto

Blucher

Rua Pedroso Alvarenga, 1245, 4º andar
04531-934 – São Paulo – SP – Brasil
Tel.: 55 11 3078-5366
contato@blucher.com.br
www.blucher.com.br

Segundo o Novo Acordo Ortográfico, conforme 5. ed. do *Vocabulário Ortográfico da Língua Portuguesa*, Academia Brasileira de Letras, março de 2009.

Dados Internacionais de Catalogação na Publicação (CIP)
Angélica Ilacqua CRB-8/7057

Toporosi, Susana

Em carne viva : abuso sexual de crianças e adolescentes / Susana Toporosi ; tradução de Tania Mara Zalcberg ; revisão técnica de Cassandra Pereira França e Myriam Uchitel. – São Paulo : Blucher, 2022.

286 p. : il. (Psicanálise Contemporânea / coord. de Flávio Carvalho Ferraz)

Bibliografia
ISBN 978-65-5506-546-6 (impresso)
ISBN 978-65-5506-547-3 (eletrônico)

Título original: *En carne viva: abuso sexual infantojuvenil*

1. Crime sexual contra crianças 2. Adolescentes 3. Assistência a menores 4. Psicanálise I. Título. II. Zalcberg, Tania Mara. III. Ferraz, Flávio Carvalho. IV. Série.

22-1257 CDD 362.76

Índice para catálogo sistemático:
1. Crime sexual contra crianças

O sofrimento dos pequenos não é um sofrimento pequeno. Portanto, devemos ajudá-los e escutá-los.

Janusz Korczak
Pediatra, educador e escritor judeu polonês

Agradecimentos

A cada um dos meus colegas do conselho editorial da *Revista Topía de Psicoanálisis, Sociedad y Cultura*: Enrique Carpintero, Alejandro Vainer, César Hazaki, Alfredo Caeiro, Alicia Lipovetzky, Susana Ragatke, Héctor Freire e Carlos Barzani, com quem discuti os trabalhos que serviram de base para este livro, no quadro teórico de uma psicanálise permeada pela sociedade e pela cultura, olhar que nutre seu ponto de vista.

A Enrique Carpintero e Alejandro Vainer por suas valiosas contribuições nas sucessivas leituras dos originais.

A Mariana Battaglia pela diagramação cuidadosa e pela capa da edição em espanhol. A Andrés Carpintero por seu infinito manejo da *Topía* para veiculação na internet. A Carlos Barzani pela correção.

Aos meus colegas do Serviço de Adolescência e Saúde Mental do Hospital Infantil Ricardo Gutiérrez de Buenos Aires, com os quais venho compartilhando a reflexão teórico-clínica de alguns dos materiais que deram origem a este livro.

Aos meus colegas da Associação de Profissionais do mesmo hospital, pelo olhar que torna visível o modo como o poder atua na instituição hospitalar, na nossa subjetividade profissional e nas famílias vulnerabilizadas que nos consultam.

A Marina Rizzani, por suas leituras.

A Adolfo F. e Adolfo A. Chouhy.

A José Kuten.

Aos meus professores Silvia Bleichmar, Marilú Pelento, Enrique Carpintero, Ana Berezin, Jorge Rodriguez e Alfredo Tagle.

Aos meus pacientes. Muitos deles são os que mais sofrem com as injustiças da nossa sociedade capitalista e patriarcal.

A Nicolás, Ezequiel, Alejandro e Mailén, sempre amorosamente próximos.

A Alfredo Caeiro, pelo acompanhamento e pelas leituras a partir de um amor nada complacente.

Conteúdo

Prefácio

Juan Carlos Volnovich

Quanto progresso ocorreu!

Este livro é o testemunho de que, nos últimos anos, houve avanços na denúncia, no diagnóstico e no tratamento do abuso sexual de crianças e adolescentes.

Neste livro, Susana Toporosi apreende o melhor da produção atual e lança o tema a alturas até então nunca alcançadas. A autora consegue chegar ao topo a partir de uma clínica consistente que não parou de interrogar a teoria; que não cessou de exigir dela recursos e fazê-la trabalhar para superar os obstáculos que impediam a elucidação do fenômeno. E há algo mais: ao longo das páginas que compõem este texto, circula um apelo à ética e um assinalamento agudo à dimensão política que o abuso sexual de crianças e adolescentes supõe.

Nos anos posteriores à ditadura cívico-militar que impôs o terrorismo de Estado na Argentina, começou a ocorrer um processo cada vez maior de visibilidade e denúncia do abuso sexual de crianças e adolescentes.

Como subproduto do Movimento Mundial de Mulheres e do feminismo contemporâneo, a palavra de ordem "o pessoal é político" permitiu uma nova leitura do *princípio de reserva* contido no art. 19 da Constituição Argentina: "As ações privadas de homens que de nenhum modo ofendam a ordem e a moral públicas, nem prejudiquem a terceiros, são reservadas apenas a Deus e isentas da autoridade dos magistrados". Permitiu também reformular o conceito de que a mera imoralidade de um ato não era razão suficiente para sua proibição, como se depreendia dos art. 4 e 5 da Declaração dos Direitos do Homem e do Cidadão de 1789: ". . . A liberdade consiste em fazer tudo que não prejudique os outros . . . A lei não pode proibir senão as ações prejudiciais à sociedade".

Essa *primeira etapa* de visualização do ASI serviu para trazer à tona algo que, mesmo quando sabíamos que acontecia, não o sabíamos. Ou seja: que 80% dos abusos sexuais denunciados correspondem a meninas e que para cada menino vítima de agressão incestuosa são cem as meninas vitimadas; que a própria casa é o lugar mais perigoso para uma menina; que quase sempre o agressor é o pai, o padrasto, o professor, o padre, o vizinho, o tio ou alguma figura "familiar"; que pelo simples fato de ter corpo de mulher, as meninas estão incluídas na população com maior risco de ser vítima de abuso sexual ou de ataque incestuoso. Serviu para levantar o véu que encobria o sinistro como "familiar". Serviu para os gritos dilacerantes perfurarem o silêncio endêmico e começarem a ser ouvidos. Serviu para fazer progredir em termos de denúncias, apelos à Justiça, divulgação na mídia, comparecimento aos serviços de atendimento que, de forma precária e balbuciante, foram se constituindo ao mesmo tempo que tentavam atender à demanda crescente.

No entanto, as auspiciosas mudanças legais que acompanharam o *processo de visibilização* pecaram mais por não terem sido aplicadas que por serem insuficientes. Certamente contribuíram para isso as objeções dos juízes diante da gravidade das penas que deveriam impor e a falta de uma gradação na penalização das condutas puníveis que permitisse nuances mais flexíveis. Mas, acima de tudo, os juízes foram pressionados pelo temor de violar os direitos dos acusados, considerando que a liberdade de locomoção dos acusados era mais importante que a integridade física, quando não a própria vida, das vítimas. A acusação velada de cumplicidade em uma cruzada para destruir a "sagrada família" pressionava também a inocentar, sob a denominação de "família", a prática irrestrita de crimes, a cumplicidade perversa, os pactos espúrios e todo tipo de alianças.

Na Argentina, o trânsito por esse *processo de visualização* do abuso sexual de crianças e adolescentes seguiu o que já fora antecipado nos países metropolitanos (principalmente Estados Unidos, Canadá e Grã-Bretanha). Em versão tardia, seguimos, atrasados, o mesmo caminho percorrido por toda a sociedade, a Justiça, a psicologia e a ética nos países centrais. Aqui também o sistema de justiça começou a receber denúncias de abuso sexual de crianças e adolescentes. Os juízes, desafiados pela necessidade de fundamentar suas sentenças em provas diretas, indiretas, por indícios ou circunstanciais que demonstrassem a certeza dos fatos, como era previsível, consultaram peritos. Houve, portanto, uma referência ao que de melhor sobre o tema vinha sendo produzido em outras partes do mundo; foram abertos alguns serviços de saúde em hospitais pediátricos e até mesmo um centro especializado com o intuito de atender a um problema complexo e a uma população que demandava cada vez mais atendimentos específicos. Em suma, embora o silêncio tivesse sido rompido, não se sabia o que fazer com os gritos.

Essa primeira etapa da última onda, à qual devemos a instalação no sistema de justiça de crimes que permaneciam invisíveis e no imaginário social, da figura do agressor e das vítimas, teve como consequência uma resposta paradoxal. Caracterizou-se pela reação violenta e irada dos setores mais conservadores; reação que caracterizou *a segunda etapa* de visualização. Essa segunda etapa foi marcada pela restauração conservadora dos valores tradicionais do patriarcado alimentados pelo fantasma que supõe, por trás dessas denúncias, o poder feminino exercido contra os homens. Mas os ataques que tentaram desmantelar as conquistas – e eliminar os atores que as apoiavam – nada mais fizeram que confirmar o que tentavam negar. Qualquer profissional, especialista ou perito que tenha alguma experiência nessas questões sabe que a reação violenta confirma o fato de se "ter colocado o dedo na ferida" e que a resposta, inevitável, quase sempre é acompanhada pela reversão do ataque, incluindo a acusação ao denunciante de exercer violência. De tal modo que, de acordo com essa lógica, a menção ao abuso sexual de crianças e adolescentes foi recebida como crime mais grave que a sua consumação.

Não só isso: foi um período em que se tentou trazer para o campo da disputa ideológica (luta entre lados opostos e simétricos: quem denuncia o abuso e quem abusa da denúncia de abuso) um problema teórico e político que permeia o discurso jurídico, o discurso psicanalítico, a ética e as configurações sociais como um todo.

O fato é que enquanto as denúncias se referiam a setores marginais ou a classes "populares", ao mesmo tempo que contribuíam para o preconceito de que o abuso sexual de crianças e adolescentes era patrimônio da "escória social", o fenômeno da sua visualização e as denúncias progrediram vertiginosamente. E assim foi até começar a circular a suspeita de que o abuso sexual de crianças e adolescentes e os ataques incestuosos não eram um fenômeno de classe social, mas subproduto da dominação masculina que permeia todas as classes sociais. Quando os setores "acomodados" foram questionados na implantação irrestrita do que consideravam um "direito de costumes", surgiu uma resposta que, disfarçada de boas intenções (pais do sexo masculino que defendiam o direito de se relacionar com filhos e filhas; juízes ou ex-juízes que pregavam equanimidade; psicólogos, especialistas, consultores legais que buscavam uma base científica para afirmar suas conclusões etc.), nada mais fez que confirmar o poder por trás da perpetuação do abuso que os homens exercem fundamentalmente sobre as meninas.

A violência dessa resposta – *backlash* (reação negativa e violenta) masculino – tinha evidências claras encarnadas em:

- Publicação no *La Ley*[1] de um artigo do dr. Cárdenas que foi aceito em alguns juizados de família como palavra sagrada em virtude do indubitável prestígio do seu autor em matéria de direito da família.
- A atuação da Asociación de Padres Alejados de sus Hijos (Apadeshi) e de outros grupos congêneres, organizações de pais separados de seus filhos que, aos gritos de "reivindicamos o legítimo direito de estar com nossos filhos", nada mais fizeram a não ser confirmar sua vocação de dominação, tentando, naquele momento, afastar os filhos de suas ex-esposas, ex-amantes ou ex-companheiras, a fim de manter as situações de fato que levaram à suspensão do contato e que, geralmente, se conseguissem, se alcançassem a "posse", rapidamente entregariam as crianças a outras mulheres que delas cuidassem.
- A profusão de denúncias e julgamentos contra profissionais que se dedicaram ao tema.
- A produção de artigos acadêmicos absolutamente inconsistentes que, no entanto, por suas pretensões de cientificidade,

1 Cárdenas, E. J. (2000, 15 set.). El abuso de la denuncia de abuso, *La Ley*.

foram premiados[2] tentando legitimar como teórica uma posição meramente ideológica.

- A campanha que se dedicou a fazer *lobby* com personalidades políticas, para invadir a mídia e ocupar plataformas públicas com discursos que alimentavam o fantasma do suposto poder que as mulheres exercem contra os homens (especialmente nos chamados "divórcios destrutivos", rótulo com poder de minimizar a palavra da criança no processo da avaliação de risco).

Em última instância, o que caracterizou essa segunda etapa foi a tentativa de deter o processo de visualização do abuso sexual de crianças e adolescentes, impondo a prepotência de um terror que tendia a desmontar os serviços assistenciais abertos para esses fins ou reduzi-los à sua mínima expressão; a invalidar as denúncias; a transformar em suspeito quem ousasse testemunhar sua opinião; a perpetuar o abuso e os maus-tratos a crianças; a desencorajar profissionais que até então carregavam o pesado ônus de sustentar esse processo na esperança de forçá-los a renunciar sob ameaça de expô-los a julgamentos nos quais não teriam advogados que soubessem defendê-los.

A primeira fase – do silêncio aos gritos – e a segunda fase – de surdina – deram origem a uma *terceira etapa* caracterizada pela intenção de transformar os gritos em palavras.

Nessa terceira etapa, a estratégia fundamental dos setores mais progressistas foi não se deixar arrastar para o terreno da disputa ideológica e tentar canalizar a questão no terreno da produção teórica ditada pela clínica e na construção de um espaço interdisciplinar

---

2 Pedroza de Alvarez, D. S., Argañaraz, L., & Miccolis, M. Paradigmas. Versão canônica e abusos. Primeiro Prêmio da Academia de Medicina Legal e Ciências Forenses da República Argentina, no Segundo Congresso Internacional de Medicina Legal e Ciências Forenses.

em que pudessem ser implantados um discurso e uma ação tão livres do risco da ideologização quanto da tecnocracia.

O respeito ao testemunho de meninas e meninos; a consideração do seu silêncio; a produção lúdica, gráfica, escrita, oral e gestual de uma menina ou de um menino (que permitiu determinar quanto de indução ou construção há em seu depoimento e quanto de resto traumático); o silêncio das vítimas apoiado no sentimento de culpa; a obediência aos perpetradores; a retratação como dado positivo; a revinculação como possível revitimização... são apenas algumas das conquistas que caracterizam essa terceira etapa que a autora ilumina com aguda inteligência.

Susana Toporosi passou por todas essas etapas e soube atravessar de forma magistral as dificuldades com que tentaram dissuadi-la, ultrapassar os obstáculos que a convidavam a abandonar o campo do abuso sexual de meninas, meninos e adolescentes; soube enfrentar o horror de uma das práticas mais aberrantes da condição humana para finalmente construir este edifício conceitual "em carne viva" que, a partir de agora, deve tornar-se referência obrigatória para quem aborda o tema.

Introdução

Este livro foi escrito a partir da indignação e da esperança.

Indignação que se transforma em um posicionamento político de denúncia da forma brutal como em sua maioria homens criados em nossa sociedade capitalista e patriarcal invadem com sua sexualidade, utilizada como exercício dominante de poder, o corpo, a psique e as emoções de meninas, meninos e adolescentes, provocando para sempre a alteração da sua experiência sexual, com outros efeitos persistentes e arrasadores em toda a sua vida emocional.

Acontece algo totalmente inesperado para essas meninas, meninos ou adolescentes, que os sobrecarrega em sua capacidade de dar-lhe sentido e de detê-lo. Isso os desorganiza e força a criar defesas extremas que podem anestesiar o prazer da vida como um todo e, em muitos casos, torná-la uma tortura constante. Como é possível continuar vivendo com essa pressão na cabeça e essas sensações estranhas no corpo?

Esta intrusão selvagem, ainda que às vezes perpetrada de maneira sutil, introduz um curto-circuito devido ao qual nunca mais haverá uma brincadeira exploratória livre para essa menina, menino ou adolescente, uma curiosidade franca, uma sensibilidade marcada pelo ritmo próprio de experimentar e descobrir. O despojamento da ilusão e da liberdade de brincar no campo da sexualidade, garantias absolutas de uma subjetividade que cresça de maneira saudável, que precisará ser trabalhada para se recuperar.

A maioria das vítimas de violência sexual são mulheres e menores de idade. O ambiente em que o abuso ocorre com maior prevalência é a família, e os perpetradores são, em sua maioria, homens adultos, embora haja alguns casos de mulheres com participação ativa ou cumplicidade.

O abuso sexual de crianças e adolescentes desperta no sujeito abusado um sentimento de culpa pela forma como suas pulsões são convocadas e colocadas em jogo. É como se a própria pulsão do menino ou da menina fosse expropriada e usada pelo adulto para sua satisfação. A partir disso, surge inevitavelmente a culpa pela sensação de participação subjetiva que esse movimento de ter sido expropriada lhe confere. As meninas confundem suas fantasias edipianas (muitas delas expressam desejos incestuosos), levadas à atuação pela sedução do adulto, com ter provocado o adulto. Se em algum momento realizarem jogos de sedução com ele, precisarão defrontar-se com a interdição que marca a proibição cultural do incesto. Se o adulto for o pai que não as protege, mas ao contrário, a partir de sua indiscriminação e sua perversão, as induz a realizar essas fantasias, ele as deixa definitivamente órfãs e libera uma angústia que ultrapassa o que a menina consegue tolerar.

O corpo registra um gozo que se contrapõe ao que o ego[1] da menina sente. As pulsões impõem sensações que muitas vezes

---

1 Em espanhol, não há uma distinção no termo usado para *ego* e *eu*, como há usualmente em português (a autora usa *Yo* em todo o livro). Em português, o termo *ego* designa a parte do aparelho psíquico que, havendo se desenvolvido a

constituem algo repulsivo, excessivo, desestruturante, traumático para o ego, comprometendo a relação consigo mesma e com os outros.

O contato emocional com seus próprios impulsos costuma ficar profundamente alterado.

Ademais, tudo isso geralmente acontece em um contexto familiar de denegação, no qual, por diversas razões, outros adultos não veem, ou não detectam, ou não conseguem pensar a respeito; e em um quadro social que exerce sua própria cumplicidade marcada por estigmas patriarcais que negam os abusos de poder por parte de homens adultos, principalmente se tiverem algum outro atributo social que lhes dê ainda mais poder, como dinheiro.

Essa situação torna-se ainda mais complexa com a chegada da puberdade e o advento de novas pulsões genitais, pois o que aconteceu na infância volta à carga revitalizado pelos novos sentidos genitais que adquire, voltando muitas vezes com verdadeira fúria autoculpabilizante. Os efeitos mais habituais se expressam na inibição do jogo sexual e do prazer na adolescência, razão pela qual o que poderia ser um encontro com o outro se transforma em entrega anestesiada do próprio corpo.

Quem quiser percorrer o mundo subjetivo de um adulto que relata na literatura de testemunho os efeitos traumáticos do abuso na infância e o lugar proporcionado pela música em sua batalha contra sua pulsão de morte pode encontrá-lo em *Instrumental: memórias de música, medicina e loucura* (Alfaguara, 2017), livro autobiográfico de James Rhodes, pianista britânico, publicado em 2015.

---

partir do id, cumpre funções fundamentais como as de percepção, consciência, pensamento, motricidade etc. Já o termo *eu* é reservado para o conjunto de representações que o sujeito tem de si mesmo. Apesar de termos feito a opção por traduzir *Yo* por *ego*, o leitor deve estar atento à diferença entre os termos em português [N.R.T.].

Por que hoje um livro sobre o trauma do abuso sexual?

Escrever hoje sobre a clínica do abuso sexual de crianças e adolescentes é colocar a temática no contexto das lutas que se travam em nossa sociedade para conseguir visibilidade e dar corpo aos efeitos destrutivos dos abusos de poder.

Há poucos anos, a sociedade argentina foi permeada em sua história pelo trauma do terrorismo de Estado que agiu se apoderando de corpos, psiques e de toda a sociedade, sequestrando, torturando, fazendo desaparecer, matando e se apropriando de crianças com a impunidade concedida pelo poder político e econômico.

Os abusos sexuais acontecem em uma sociedade marcada por essa história. Fazer justiça foi e continua sendo um laborioso trabalho de ativismo político, nas mãos de organizações sociais, organizações de direitos humanos, partidos políticos etc., com forte resistência de alguns setores que representam o poder econômico, político, judicial e eclesiástico.

É necessário avançar muito no reconhecimento das diversas formas como as crueldades estão embutidas e se desenvolvem nas instituições da sociedade capitalista e patriarcal sob a proteção de diferentes formas de impunidade. Uma dessas instituições é a família, que, dadas as condições de dependência dos filhos aos adultos que os criam e o poder que essa dependência confere a eles, pode tornar-se um terreno extremamente vulnerável no qual o poder se transforma em domínio.

Hoje ainda nos encontramos diante de grandes dificuldades quanto à possibilidade de aproximar e integrar as contribuições dos diferentes olhares, especialmente da Justiça e da psicanálise, para conseguir proteção para crianças ou adolescentes que sofreram abuso sexual.

Na verdade, acontece repetidamente, diante de um menino ou menina pequenos sem condições de relatarem o acontecido durante a Câmara Gesell, de o abusador, muitas vezes o pai, ser rapidamente absolvido no tribunal criminal e passar a insistir na retomada do vínculo no tribunal civil, mesmo com enorme sofrimento da criança, bem como de sua mãe, quando há efeitos evidentes do abuso sofrido. Também deparamos com crianças que, mesmo podendo falar e relatar, não foram escutadas durante a realização do julgamento oral, como aconteceu com 34 crianças de uma creche de Mar del Plata, a partir de denúncias realizadas em 2002 contra um professor de ginástica e contra o padre diretor de uma escola religiosa. Eles foram absolvidos enquanto as psicólogas que intervieram foram processadas. Diferentes faces de um problema que necessita do encontro, do diálogo e da atualização não só interdisciplinar, como também intersetorial, o que já vem sendo tentado em alguns âmbitos e se constitui em algo promissor na medida em que não se retroceda em termos de direitos.

Quando falo de esperança, refiro-me à expectativa que tenho de contribuir com algumas ideias para a transformação das condições atuais.

Na primeira parte do livro, procuro contribuir no terreno do diagnóstico e do tratamento, ainda que não se trate de uma patologia, sabendo que a possibilidade de processamento do psiquismo individual dependerá enormemente do fato de as instituições da sociedade registrarem e condenarem quem provocou o sofrimento e seus cúmplices. Intervimos sobretudo na compreensão e no atendimento do sofrimento, do trauma causado pelo abuso sexual. Embora não se trate de uma especialidade, devemos considerar que o conhecimento a respeito de como o aparelho psíquico é afetado após um trauma, e dos modos de intervenção clínica com a criança e com seu ambiente para amenizar essa condição, constituem um terreno de problemas que demanda especificidades.

Uma das principais questões é que nos primeiros tempos após o trauma, o menino ou a menina costumam relatar com angústia o que foi vivenciado, mas após algum tempo, o aparelho psíquico precisa instituir defesas para continuar vivendo. Por intermédio dos mecanismos de recalque, o afeto rompe o vínculo com as representações e estas desaparecem da consciência. A menina violentada não se lembra de nada do que aconteceu nem consegue contá-lo. Mas, em geral, intervêm mecanismos mais extremos de dissociação e de cisão do ego.

Se a entrevista na Câmara Gesell ou as perícias ocorrerem quando essas defesas já se organizaram, muitas vezes o menino ou a menina não conseguirão narrar o sucedido, pois não se lembram. Nesse terreno, a Justiça criminal prossegue sustentando que o abuso não aconteceu e absolve o agressor, abrindo caminho para a chamada revinculação da criança com o agressor, principalmente se este for o pai. Por tudo isso, é essencial ter ferramentas exatas para reconhecer a presença do traumático, suas formas de irrupção, os outros modos não verbais de expressão, seus modos de permanência silenciosa, os modos criptografados de transmissão por gerações, para detectar e poder intervir protegendo crianças e adolescentes e amenizando seu sofrimento.

Trata-se de uma situação traumatogênica em que habitualmente não há testemunhas, e que se dá na esfera interna da família e da casa, territórios que durante muitos anos foram considerados privados, nos quais o Estado não tinha ingerência, e quem tinha o poder de decidir, fazer e desfazer era o *pater familia.* É necessário enquadrar o abuso sexual de crianças e adolescentes nesse quadro de relações de dominação. Hoje, em um novo marco legal, o Estado é chamado a intervir e deve se comprometer. O Estado também somos nós, que precisamos estar capacitados para detectar e saber intervir do melhor modo possível.

Mas isso não é suficiente. Também é nossa responsabilidade denunciar a dissolução das equipes de atendimento, dos programas de apoio e acompanhamento às vítimas, a não nomeação de novos profissionais quando os mais antigos se aposentam, as longas filas de espera nos locais de atendimento público que transformam um espaço que deveria ser acolhedor em expulsivo, as políticas de cortes dos recursos da saúde, e também propor a revisão das estratégias de cuidado, visto que precisamos ser criativos. A psicanálise pode transitar por meio de diversos dispositivos, além da terapia individual.

Entre as particularidades dessa área de intervenções está a consideração da ética do analista quando trabalha em situações de sofrimento elevado, o que sempre implica a tomada de posição a partir de como se nomeia o que acontece, como se acredita no sujeito ou sujeitos que sofrem, como se dispõe a acompanhar as denúncias pertinentes, não apenas no sentido da denúncia judicial. Esta é uma área de intervenções que deixa às claras a perspectiva enviesada de alguns psicanalistas, que trabalham com a ideia de "neutralidade" do analista, ou que consideram que devem tratar da fantasia e, portanto, não se preocupam com os efeitos da "realidade externa".

Em relação à neutralidade, é a Justiça que trabalha com a ideia de manter um olhar imparcial e equânime. No que diz respeito ao olhar dos psicanalistas, nos perguntamos como poderíamos realizar nosso trabalho sem conhecer ou deixando de lado nossos próprios afetos comprometidos, as marcas da nossa história que nos determinam, ou sem ter empatia pelo sofrimento de nossos pacientes. Precisamos conhecer nossos sentimentos não para deixá-los de lado, mas para discriminar o que é nosso do que diz respeito à criança ou ao adolescente, sem julgá-lo por essa diferença.

Sem abandonar a abstinência, o analista que trabalha em situações de grande abuso aos direitos da criança e do adolescente deverá ser ao máximo criativo para saber quando falar, quando esperar, como ouvir-ver-gravar muito além das palavras do relato, sabendo que a subjetividade é corporal, e que ele trabalha com a contratransferência como bússola e ferramenta fundamental para orientar seus caminhos e o "ritmo" de suas intervenções.

Este livro foi escrito a partir do processamento do meu próprio trabalho clínico e de supervisão a outros terapeutas, da minha prática clínica com pediatras, psiquiatras, assistentes sociais, ginecologistas e psicopedagogos, no âmbito da clínica com crianças e adolescentes que sofreram traumas sexuais.

A perspectiva que a clínica me permite, ao poder trabalhar com adolescentes e seus familiares, tem me possibilitado calibrar o nível de traumatismo que pode ser gerado a partir de um abuso sexual que não é registrado por nenhum adulto do ambiente da criança, permitindo que seus efeitos se instalem por anos. Efeitos de longo prazo, inclusive intergeracionais, quando não pôde ser relatado nem houve oportunidade de consulta e tratamento para ser processado na geração anterior. Assim, podemos encontrar, por trás do sofrimento de várias filhas adolescentes que não conseguem separar-se de seus pais, um abuso sexual vivido pela mãe na infância e nunca denunciado, que a impele a reter suas filhas diante do medo de um perigo projetado no mundo exterior à família, por exemplo.

Na segunda parte do livro, abordo a clínica com adolescentes que cometeram ações sexuais contra meninos e meninas. Um terreno de aposta no trabalho psicanalítico que possibilite um destino diferente da perversão para esses adolescentes, e que não os cristalize na identidade de abusadores e violentadores. Um trabalho que visa à construção da responsabilidade por suas ações, em uma etapa em que o psiquismo ainda está em constituição.

É necessário conhecer as diferenças entre a sexualidade infantil e a adulta, entre os jogos sexuais infantis e os comportamentos sexuais abusivos. As mudanças ocorridas em nossa cultura com o avanço do consumismo no capitalismo globalizado e as novas tecnologias determinam transformações nas subjetividades. Estas se expressam, entre outros fenômenos, com o surgimento de práticas sexuais em crianças, descargas repetitivas frente ao que é excessivo e impossível de metabolizar.

Também é importante refletir a respeito dos caminhos na constituição das masculinidades atuais. A partir da clínica, a maneira de abordar muitos adolescentes com comportamentos sexuais abusivos que não querem comparecer, não querem conversar, nem querem iniciar o tratamento, mas que são trazidos por algum membro da sua família muito angustiado em virtude do que aconteceu e que geralmente é uma mulher: a mãe ou irmã mais velha. Também é importante ser capaz de fazer o diagnóstico diferencial entre as várias posições subjetivas a partir das quais esses adolescentes do sexo masculino realizam esses atos.

A partir deste livro, mantenho a esperança de que apesar de o abuso sexual ou incesto arrasar a subjetividade, as crianças e os adolescentes que sofreram abuso sexual possam recuperar sua condição de sujeitos, na medida em que tenham possibilidade de ser amparados e acompanhados por alguém de sua família ou do meio social que acredite neles, os separe e condene o agressor, e um tratamento psicológico que os afaste do destino de vitimização.

Parte I

Trauma devido ao abuso sexual

1. O que é abuso sexual?

O corpo e o silêncio têm algo em comum: não podem mentir.

María Fux

O que é abuso sexual de crianças e adolescentes?

Uma definição ampla e descritiva afirma que abuso sexual consiste em uma criança ser convocada por um adulto a participar de atividades sexuais que não pode compreender, para as quais sua psique não está preparada por seu nível de constituição e para as quais não pode dar seu consentimento a partir de uma posição de sujeito; e que viola a lei e os tabus sociais.

Quando se tratar da convocação a um adolescente, ainda que já tenha passado pela puberdade e possa compreender a intencionalidade do agressor, constitui abuso, pois quase sempre a relação de poder não permite que o adolescente se recuse ou proteja, porque em geral vem de alguém de quem se espera cuidados, não agressões.

O adulto, ou seja, o agressor, usa a criança ou adolescente para estimular sexualmente a si, à criança ou a outra pessoa.

As atividades sexuais podem consistir em qualquer tipo de relação orogenital, genital ou anal, ou abuso sem contato, como exibicionismo, voyeurismo ou sedução por intermédio de redes sociais e da internet, ou o uso da criança na produção de pornografia; e incluem uma ampla gama que oscila do estupro forçado à sedução sutil.

Por muitos anos, a legislação considerou *privados* os episódios que ocorrem no seio da família, incluindo abuso sexual de crianças e adolescentes. Isso proporcionou um quadro de cumplicidade para a perpetuação desses crimes. As leis em vigor hoje consideram todos os maus-tratos e abusos sexuais uma questão *pública*, em que o Estado deve intervir para impedir. Por isso, todo agente do Estado, inclusive docentes e diversos profissionais de saúde, deve atuar, uma vez detectada situação de violação de direitos, para a efetivação da denúncia.

A experiência clínica nos mostra que, na maioria dos casos, o abuso sexual na infância e na adolescência tem efeitos traumáticos, que ora se traduzem em multiplicidade de sintomas, ora em encapsulamento, deixando a experiência traumática isolada do restante da estrutura psíquica, com uma eficácia que ainda permanece por muito tempo após o evento. Isso pode ser observado muito bem em algumas mulheres adultas que nunca falaram do abuso sofrido na infância e, para manter esse acontecimento da infância em silêncio diante de si próprias, como se nunca tivesse acontecido, negam a possibilidade de seus filhos serem abusados e, assim, não conseguem protegê-los. O resultado é que muitas vezes chegam à consulta porque seus filhos foram vítimas de abuso sexual. Não se trata de "mães negligentes", mas sua própria história de abuso, e o destino desses traumas em seu psiquismo, não lhes permite detectar os sinais de que seus filhos ou filhas estão sofrendo algo semelhante ao que elas viveram. Infelizmente, a Justiça patriarcal considera que isso é motivo para dar pouco crédito às denúncias feitas pela mãe que sofreu abuso na infância. A tendência é considerar que se a mãe sofreu abuso, ela vê abuso em tudo, portanto, sua denúncia não é confiável.

Este não seria o único motivo pelo qual a mãe ou outro adulto responsável pela educação não teria detectado o abuso sexual da criança. Existem mães com pouca ligação afetiva, que participam de um ambiente de negação desse e de outros sofrimentos; ou mães muito indiscriminadas que funcionam em paridade com seus filhos, sem diferenças entre as gerações; ou mães muito deprimidas que não estão em condição de olhar e de enxergar seus filhos; ou também mães perversas que agem em cumplicidade com homens abusadores. O fato de uma criança ou adolescente ter passado por uma situação de abuso sexual, que se perpetuou ao longo do tempo, compromete ao menos dois adultos: a pessoa que a violentou e a pessoa que por diversos motivos não pôde registrar o ocorrido.

Mas é importante destacar que, em muitos casos, deparamos com mulheres com mecanismos psíquicos de dissociação, de cisão do ego, que sofreram violência sexual na infância e nunca contaram a ninguém. O resultado desses mecanismos é que o ego se empobrece e não consegue reconhecer a presença de algo que o aproxime do contato com o núcleo de ideias traumáticas que precisaram encapsular para mantê-lo isolado do restante do funcionamento psíquico. Mecanismos que foram essenciais para poder continuar vivendo após os referidos traumas de infância, mas que funcionam como barreiras para a detecção do que seus filhos sofrem.

Incesto paterno-filial

Eva Giberti (2014) apresenta o incesto como um "precedente para a violência contra as mulheres, cuja característica reside no fato de o estuprador ser o pai da vítima". Ela apresenta três níveis diferentes de análise:

1) O fato de tê-la concebido funda uma *relação biológica*. Essa menina, para crescer, precisa da tutela de um adulto. Essa tutela é violada por quem deve exercê-la. Destrói a marcação biológica e as normas da cultura. Remove-a do lugar de filiação para transferi-la ao lugar da "massa de seu corpo do qual o pai obtém satisfação".

2) A ofensa a seus *direitos como cidadã* resulta do assalto sobre as garantias de direitos de que dispõe a menina, não os reconhecendo.

3) A violência contra o corpo e a vida psíquica da menina mira sua subjetividade e altera a inserção posterior na vida familiar e na convivência social. A menina fica submetida a um processo de *dessubjetivação*.

Ela afirma que o incesto contra a menina inaugura a servidão da mulher ao homem como um dado da violência instituída socialmente.

Incesto e trauma

Retornando à diferença que Eva Giberti (2015) trabalha entre o abuso perpetrado por sujeitos cujo vínculo não é paterno e as situações de abuso e estupro perpetradas pelo pai da menina, ela destaca a responsabilidade de cuidar e de proteger desse último.

Esse aspecto nada menor configura uma situação de vulnerabilidade muito maior para a menina afetada. Como elaborar o fato de que quem precisa cuidar dela e protegê-la de qualquer perigo seja quem a ataca? É desesperador ver nessas meninas a necessidade de organizar o mundo separando "o mau e o bom", que estão misturados e confusos.

O pai passa a estar morto, a partir do momento que não funciona como interditador das ilusões edipianas, não a protege de suas excitações e não garante a transmissão da lei de proibição do incesto.

O que confere a essas situações um fardo adicional, complicando muito a elaboração, é a pressão por parte do pai para voltar a se vincular com a menina, e o argumento, muito presente nos juizados de família, de que laços de sangue são o melhor que uma criança pode ter para sua criação, e de que um homem não pode ser privado de sua necessidade emocional de ver seu filho ou filha.

Em geral, acontece de as crianças afetadas começarem a organizar defesas intrapsíquicas graças ao fato de que a partir da denúncia, e enquanto durar o julgamento criminal, não há contato com o pai. Se o pai for absolvido pela Justiça criminal, por falta de provas, porque a menina não conseguiu relatar em palavras o que o pai fez com ela, na Câmara Gesell ou nos laudos periciais, o pai geralmente passa a exigir na Justiça civil a revinculação imediata com a menina.[1]

1 O dispositivo da Câmara Gesell foi criado por Arnold Gesell (1880-1961), psicólogo estadunidense que se dedicou ao estudo das etapas de desenvolvimento das crianças. Foi concebido para fins investigativos e experimentais. O objetivo era permitir a observação do comportamento das crianças sem que elas se sentissem pressionadas pelo olhar de um observador, pois o recinto possui um sistema que permite a visão e a escuta do que acontece na entrevista sem que os sujeitos participantes possam ver seus observadores. Seu uso na esfera judicial tem como objetivo principal evitar a revitimização de vítimas/testemunhas de maus tratos ou de abuso sexual: crianças, adolescentes, pessoas com transtornos ou deficiências mentais, possibilitando que o testemunho seja tomado uma única vez, sem precisar ser repetido diante de diferentes instâncias. Garante também o direito de defesa do acusado, uma vez que seus peritos e seus advogados

Num sistema judicial e social de forte predomínio patriarcal como o argentino, todos se preocupam com a gravidade de ser preso um homem por um crime que não cometeu. Portanto, se não houver relato verbal da criança considerado puro e não contaminado e que o envolva, o pai não é responsabilizado.

Muitas vezes não se pensa como é dramático para uma menina que contou o que estava sofrendo, "transgredindo" o segredo que foi obrigada a guardar sob ameaças, precisar se "revincular" com um pai de quem tem medo. No entanto, isso acontece em muitos casos de incesto, o que torna tão desesperadora a situação dessas crianças e de suas mães. O pai pressiona e a vara de família muitas vezes se adianta, visto que o pai foi absolvido por falta de provas no foro criminal, dando origem ao pedido dele de revinculação com a menina.

O juiz Carlos Rozanski (1994), que tem trabalhado incansavelmente para desmascarar essas injustiças, afirma: "Agir judicialmente aplicando os tradicionais clichês do direito penal sem levar em conta as singularidades é causa de notórias injustiças com respeito às pessoas vitimadas, que são colocadas repetidamente em risco maior do que corriam antes da intervenção judicial".

Contexto para pensar o abuso sexual de crianças e adolescentes

Antes de nos aprofundarmos na compreensão do abuso sexual a partir da psicanálise, para depois pensar nas formas de detecção e intervenção que podem dar alívio a quem sofreu esse trauma, é necessário compreender algumas condições do contexto em que

podem observar enquanto os menores são interrogados, favorecendo que essa declaração sirva de prova para o restante do processo.

essa questão hoje se desenvolve, cresce e se constitui em problema alarmante de saúde pública.

O abuso sexual de crianças e adolescentes é uma categoria que vem do âmbito jurídico, embora a complexidade da problemática faça se entrecruzarem a respeito dela diversos discursos e práticas que compreendem minimamente sua dimensão jurídica de violação dos direitos da criança e do adolescente, e sua dimensão relativa ao fato de afetar sua saúde integral, incluindo aspectos intrapsíquicos, familiares e sociais.

Para começar, é difícil pensar no abuso sexual de meninos e meninas se não for visto a partir do estado de dependência que a criança tem em relação ao adulto, e do poder que essa dependência confere a este, em uma sociedade capitalista permeada por grandes desigualdades sociais que instituem e naturalizam modelos abusivos de poder.

A particularidade do cuidado que uma criança necessita receber de um adulto, dada a sua dependência física e emocional, faz dessa dependência um terreno de vulnerabilidade para diversos tipos de abuso, entre eles o abuso sexual intrafamiliar. São áreas de exposição a abuso de poder por cuidadores adultos, não só, mas principalmente, no caso de serem perversos.

Mas para que esses abusos se instalem e se perpetuem ao longo do tempo, também deve haver outras cumplicidades, muitas vezes não conscientes. Como o predomínio de mecanismos de denegação e repúdio no nível intrafamiliar, que levam outros adultos a não registrar o que acontece ou não acreditar na criança quando estimulada a contar. Ou adultos frente aos quais a criança não ousa relatar porque percebe que não há condições para que a escutem ou acreditem nela. Ou a presença de professores ou profissionais que talvez pudessem ter percebido um mal-estar a respeito do qual não pararam para indagar, ou que não tenham formação que lhes permita reconhecer a presença de efeitos traumáticos em uma criança ou adolescente, ou que detectaram, mas não ousaram enfrentar e deixaram passar os indícios na consulta.

Ou instituições como um grande setor da Justiça que funciona com ideologia patriarcal, que revitimiza a criança por não gerar condições favoráveis para ela se expressar dentro de suas possibilidades e em dispositivos de acordo com sua idade. Também psicólogos da área da perícia que não estão preparados para compreender como a psique da criança funciona após um trauma e não reconhecem os indicadores se a criança não conseguir relatar em palavras etc.

J. é uma adolescente de 16 anos. Consultas por dor abdominal, sintomas pré-menstruais são recorrentes. A pediatra detecta algo que a deixa em dúvida sobre tantas consultas sem justificativa aparente, mas ainda não consegue pensar na possibilidade de abuso sexual.

Um dia J. vem com o namorado, que a aguarda na sala de espera. Após algum tempo de consulta, abruptamente começa a chorar e, diante das perguntas continentes da médica, é estimulada a relatar que seu tio materno, com quem moram em uma casa com vários cômodos junto com outras tias com muitos filhos, abusa dela desde os 13 anos. Sua mãe a abandonou quando ela era pequena, tendo sido criada por sua avó, que chama de mãe. Nunca contou porque achava que sua avó não acreditaria nela e porque isso provocaria uma situação familiar muito difícil. Fizemos uma nova entrevista conjunta com ela, a médica e eu, depois incluímos o namorado, em quem J. confiara e a quem contara o ocorrido. Isso foi decisivo no momento de decidir contar. Chamamos a avó à consulta, já que a adolescente não devia voltar para casa, pois o agressor morava lá. Foi realizada a internação, como recurso para a proteção de direitos, até se trabalhar com a avó e esta fazer a denúncia.

A médica ficou perplexa com sua incapacidade anterior de pensar em abuso, apesar das consultas, inúmeras e repetitivas, ligadas a dores físicas para as quais não se encontrava qualquer motivo.

Mais casos de abuso ou apenas mais consultas porque a visibilidade aumentou?

Nos últimos anos, registramos um aumento significativo de consultas relacionadas à violência sexual contra crianças e adolescentes. No entanto, é um problema que não chega a ser motivo de consulta na maioria dos casos.

Do meu ponto de vista, não só há mais consultas porque as vítimas encontram um tecido social mais aberto para receber os relatos sem culpar, mas as condições de crescimento do neoliberalismo propiciam o crescimento de formas de vulnerabilidade social e submissão dos setores mais frágeis da sociedade, o que resulta em aumento da violência. Ao mesmo tempo, encontramos formas de organização social de resistência muito importantes, como o Ni Una Menos, por vários grupos de mulheres, e muitos outros que conscientizam e ajudam as famílias que sofrem essas violências.

Ana María Fernández (2012) afirma que para que exista o golpe, a violação e a agressão incestuosa sob forma de abusos sexuais, é necessário que a sociedade tenha violado, enfraquecido e inferiorizado anteriormente o grupo social a que essa violência se dirige. Este coletivo social de crianças, adolescentes e mulheres acaba sendo percebido como o mais fraco, para o qual todo tipo de violação é legitimado.

Esses processos operam como *invisíveis sociais*, porque estão *naturalizados* em uma sociedade em que, por muitos anos, um pequeno grupo se enriqueceu à custa de empobrecer e sujeitar milhões por meio de dispositivos repressivos cruéis, como foi a ditadura militar na Argentina, para instalar um sistema econômico neoliberal com enormes desigualdades.

Por isso, o início desses dispositivos de fragilização social é político-econômico, mas para que perdurem no tempo em uma sociedade e se aprofundem, como percebemos hoje pelo número de consultas sobre abusos e violências diversos, a desigualdade social também precisa comprometer a subjetividade: sujeitos que se sentem inferiores, submetidos, são necessários para sustentar a vulnerabilidade social sem nem mesmo registrá-la, muito menos denunciá-la.

Ana María Fernández afirma que embora os argumentos sociais variem historicamente, a lógica de várias operações simultâneas permanece estável. Acima de tudo, inscrever as diferenças entre homens e mulheres (por sua condição sexual) em uma ordem binária: o masculino é considerado o critério de medida, enquanto os atributos femininos são considerados falha e defeito.

É importante destacar que o território do abuso sexual na infância e adolescência não só atinge mais as mulheres e é perpetrado principalmente por homens, como também entre os profissionais que tornam visível, atendem e evidenciam o abuso em seus relatos a maioria é de psicólogas e assistentes sociais do sexo feminino. Infelizmente, alguns juízes de família, formados em uma ideologia claramente patriarcal, duvidam do que mães e filhos expõem, e dão crédito aos homens, principalmente se forem brancos, com poder econômico e heterossexuais.

Com isso, que retomaremos adiante, queremos ressaltar que não se trata de uma questão de homens e mulheres, mas de como a ideologia patriarcal atravessa mais ou menos cada sujeito a serviço das relações de um poder que coloca o homem de classe média ou alta como confiável, e mulheres e crianças como suspeitas de mentir para prejudicar o poder superior de um homem.

Assim, é interessante pensar as formações sintomáticas atuais à luz de uma cultura de submissão que floresce no capitalismo globalizado. Assistimos a formas de exercício do sadismo e da agressão cada vez mais cruéis. A cultura, cuja função é conter e regular as pulsões dos sujeitos, avança, de mãos dadas com o mercado, para a privatização do sofrimento. Cada pessoa precisa proporcionar para si uma saída individual, pois o tecido de sustentação que a cultura precisa nos oferecer está rompido. Para maior exatidão, a pessoa pode ter fantasias sádicas, o problema é a não intervenção da cultura na regulação das ações sádicas intersubjetivas.

É nesse contexto que se deve pensar o abuso sexual que permeia todas as classes sociais. É também o caso do tráfico de pessoas, da prostituição infantil e de muitas outras formas de violência sexual contra crianças e adolescentes.

Rita Segato (2003), antropóloga argentina que investiga o estupro, preocupa-se com o aumento desse tipo de violência no mundo e na América Latina: "As relações de gênero são um campo de poder. É um erro falar de crimes sexuais. São crimes de poder, de dominação, de punição. O estuprador é o sujeito mais moral de todos: no ato do estupro, ele moraliza a vítima. Ele acha que as mulheres merecem isso. Os juízes, os advogados, os legisladores não estão formados, não têm formação suficiente para compreender o fato" (Carbajal, 2017, p. 12).

Então adiciona: "O estupro não é um evento genital, é um evento de poder. Pode realizar-se de modo genital e de muitas outras maneiras. Se a atmosfera em que vivemos não mudar, o problema não desaparecerá" (Carbajal, 2017, p. 12).

Além das especificidades da questão do estupro enquanto diferente da questão do abuso sexual intrafamiliar, há um fundo social e cultural comum.

No mundo capitalista de hoje, cresce a ideia do poder de quem se sente "dono" da vida e da morte. Poderíamos pensar que isso se expressa na apropriação do corpo das mulheres e de quem se encontra em um lugar de maior vulnerabilidade: crianças, adolescentes e outras sexualidades que não as hegemônicas.

Rita Segato propõe como saída para esse problema, longe de endurecer as penas, oferecer mais educação de gênero nas escolas, com professores capacitados, e que a abordagem seja abrangente, englobando a violência sexista em suas diversas formas.

Abuso sexual de acordo com a psicanálise

Podemos defini-lo, em consonância com Silvia Bleichmar (2016), como o comportamento consciente de alguém que, em busca da sua satisfação sexual, se apropria do corpo de uma criança ou adolescente, sem considerá-lo como sujeito, ou seja, dessubjetivando-o.

Como essa intenção dessubjetivante seria expressa? No fato de que o agressor costuma desempenhar um trabalho que vai minando aos poucos a subjetividade da criança de tal modo que ela começa a sentir que deseja participar dessas ações. Essa é uma das chaves para entender por que se instala em crianças e adolescentes o nível de culpa que os leva a se sentirem responsáveis. As próprias pulsões das crianças ou dos adolescentes são convocadas e colocadas em ação. É como se a própria pulsão fosse expropriada e usada pelo adulto para sua satisfação. A partir daí, surge inevitavelmente a culpa pelo sentimento de participação subjetiva.

Essa culpa tem relações complexas com o problema edipiano, se entendermos que por meio desse complexo o menino e a menina descobrem seus desejos incestuosos e sua rivalidade agressiva. A eficácia da operação simbólica do complexo de Édipo resulta da intervenção de uma instância proibidora e ordenadora que limita os desejos absolutos de satisfação da criança, articulando o desejo com a lei exogâmica.

Durante a fase edipiana,[2] em meio à grande assimetria entre bebê e adulto, a menina guarda uma série de fantasias em relação à paixão pelo pai e ao desejo de ocupar o lugar da mãe. Algumas se expressam como alegria pela ilusão de satisfação, mas ao mesmo tempo há angústia pelo medo de ser punida pela lei que proíbe o incesto. Envolta nessas fantasias, ela seduz o adulto. O que acontece se em vez de encontrar um adulto que a desilude com ternura, transmitindo a lei da proibição do incesto, ele a seduz para que isso aconteça? A menina não pode dizer não. Existem várias razões para isso, incluindo sua obediência a adultos de confiança, seu desconhecimento de que seu corpo lhe pertence, seu total desconhecimento de qual é a intenção genital do adulto.

No meio da confusão que dela se apodera, ela recebe ameaças de perder o amor de sua mãe se contar a alguém; e ninguém, incluindo sua mãe, acreditará nela. Não há outra possibilidade a não ser a de que ela comece a se sentir culpada por ter provocado toda a situação desesperadora em que está imersa.

A clínica mostra-nos que são numerosas as situações de consumação do incesto por parte de certos pais perversos, cujas denúncias surgem em virtude das agressões incestuosas perpetradas por eles entre os 3 anos e meio e os 5 anos das filhas. É um momento crucial de crise edipiana na menina, em que as categorias do que é proibido

2 Na carta 71 que Sigmund Freud envia a Fliess em 1897, ele apresenta o complexo de Édipo: entre as idades de 3 e 5 anos, aproximadamente, em meio à ternura usual de seus pais, a criança edipiana sente pela primeira vez uma torrente de fantasias, desejos e prazeres que envolvem todo o seu corpo e que ela expressa como rivalidade com o genitor do mesmo sexo e desejo de ocupar seu lugar em relação ao genitor do outro sexo.

e do que é permitido devem constituir-se, possibilitando paulatinamente novos objetos não incestuosos e o encontro de formas alternativas de direcionar a descarga pulsional. Um verdadeiro ataque que destitui a constituição subjetiva da menina e a dessubjetiva.

Um dos resultados é que na menina se estabiliza um fantasma de triunfo edipiano sobre a mãe, o que também gera muita culpa. É importante ter clareza e apresentar à menina sua *não responsabilização pelas ações de abuso*, embasada na assimetria de poder entre ela e o pai. Trata-se de uma situação muito complexa, pois para a menina suas fantasias de sedução, inevitáveis neste contexto, são suficientes para sentir-se culpada.

Falamos então de não responsabilidade nas ações, mas de reconhecimento das fantasias, que nos permitirá intervir e que não deixará a menina cristalizada no lugar de vítima.

Outra questão muito importante a diferenciar é o que acontece com a excitação corporal durante o abuso sexual, uma vez que são situações de difícil compreensão para a menina ou a adolescente. Por quê? Porque podem provocar uma sensação corporal de satisfação, mas também enorme angústia e grande culpa e vergonha por esse prazer erógeno. Uma coisa é o inevitável que acontece com o corpo, e outra é o que sente o seu, que habitualmente rejeita e detesta algo que costuma registrar como humilhante.

M., que havia sofrido abusos durante vários anos por parte do seu avô com a conivência da avó, que passava várias horas em outra parte da casa, sem se aproximar do quarto, mesmo sabendo que seu marido havia sido despedido do emprego acusado de abuso sexual, veio à consulta aos 18 anos. Uma de suas sensações predominantes era sentir-se uma prostituta em virtude da grande excitação que sentia no corpo com os episódios de abuso. Ela se masturbava compulsivamente, sentindo que havia provocado o avô por sua enorme excitação. Isso tornava impossível para ela gostar da aproximação genital com seu namorado.

Abuso sexual como forma de dominação

Esther Díaz (1993) trabalha as diferenças entre *poder e dominação.* O poder, como vetor de força, é bipolar, pois em toda força ativa existe a possibilidade de reação. Ela afirma que quando existe a possibilidade, ainda que remota, de alguma reação sem arriscar a vida ou a integridade, estamos no campo das relações de poder: na luta, na oposição, no confronto.

Mas se a relação é de dominação, algo diferente acontece. O poder está concentrado em um dos seus extremos. O vetor de forças tem uma única direção. Não há possibilidade de reação. É o tipo de relacionamento mestre-escravo. Não há interjogo de poder. Não há interação. Ou se obedece ou se receberá um castigo. Não há lugar para a capacidade de fornecer uma resposta crítica. Isso acontece, por exemplo, com prisioneiros de guerra ou sequestrados, sendo conhecido pelo nome de síndrome de Estocolmo.

Isso também se aplica ao tipo de vínculo que o agressor estabelece com a criança ou adolescente. A peculiaridade desse tipo de dominação é que na maioria dos casos a violência com que opera não fica exposta. Provoca submissão a partir da sedução. O agressor se apropria das pulsões da criança ou adolescente, muitas vezes fazendo-o sentir que está participando subjetivamente, o que gera uma culpa que muitíssimas vezes leva a manter em segredo, e a não poder se afastar nem pedir ajuda. Vai se alienando paulatinamente a partir da manipulação que o abusador realiza para utilizar as pulsões de sua vítima a seu favor.

N. é uma adolescente de 17 anos que vem à consulta muito angustiada, com ideia de se matar, pois não suporta que o padrasto tenha rompido o relacionamento amoroso que mantinham há mais de um ano. Ela morava com a mãe e o padrasto.

Ao descrever como a situação havia começado, mostra, mesmo sem poder perceber, como ele foi aos poucos induzindo-a até ela entrar no "jogo" que ele propunha. Primeiro ele conversou com ela, depois começou a buscá-la no ponto de ônibus quando voltava do trabalho, então disse-lhe que sua mãe tinha começado a suspeitar de que algo poderia estar acontecendo entre eles, e então ele insistiu com uma pergunta: se algo acontecesse entre nós, o que você diria? Ela relata que disse a ele que ela não queria. Então ela sentiu que ele ficou aborrecido porque se sentiu rejeitado.

No dia seguinte, ele acordou e não falou com ela. Ela sentiu que ele havia ficado triste, e então contou que, sem saber o que dera nela, foi beijá-lo. Então, depois de um mês, ela começou a sentir que não estava apenas atraída por ele sexualmente, mas que gostava de sua pessoa, e começou a sentir ciúme de sua mãe.

Fica claro como o padrasto vai entrando no mundo pulsional de N., em sua trama edipiana, até que consegue usar a sexualidade dela a seu favor, por meio de um trabalho paulatino de apropriação de suas pulsões. N. a princípio se sentiu penetrada por seus impulsos, mas depois começou a se sentir em um estado de alienação, em que seus impulsos se direcionaram para o que o padrasto esperava. Não se tratava de submissão, mas de algo ainda mais dominante: ela sentia em seu corpo o que ele queria que ela sentisse, e não o que era genuíno dela.

O traumático em Freud

Moty Benyakar e Álvaro Lezica (2005) trabalham o desenvolvimento do conceito de *trauma* na obra de Sigmund Freud:

1) No início, um acontecimento cuja origem é exterior ao psiquismo injeta uma quantidade que dá origem tanto à neurose traumática quanto à psiconeurose de defesa (nesse caso, um acontecimento sexual). O acontecimento fatual irrompe, como evento agudo e surpreendente, e atua como elemento patogênico. Freud destaca o fator quantitativo que impede o processamento.

Então, descobrindo o valor da realidade interna e das fantasias, ele passa a denominar *trauma* todo núcleo representacional que teria desencadeado o processo patogênico, independentemente de sua origem externa ou interna.

A partir de *A interpretação dos sonhos,* em 1900, ele passa a denominar *trauma* o que provém de um fator interno, pulsional, tornando-se independente das neuroses traumáticas, e passando a ser um conceito vinculado à teoria do conflito e à psiconeurose. Nesse caso, a teoria traumática perde especificidade.

A partir de 1911, com o estudo do ego e o desenvolvimento da teoria do narcisismo, surge a necessidade de conceituar os perigos que ameaçam o sujeito, suas angústias e sua situação de desvalimento. Em *Introdução ao narcisismo*, são lançadas as bases para o que mais tarde se tornariam as grandes mudanças de 1920.

2) Em 1920, em *Além do princípio do prazer*, Freud questiona a hipótese central de sua postulação de que todo sintoma seria produto da tendência do aparelho psíquico de obter prazer e evitar o desprazer. Isso surge como consequência da visualização do fenômeno traumático: experiências desagradáveis são repetidas compulsivamente. Surge a passagem do princípio absoluto do prazer

ao princípio da realidade. Freud dirá que é preciso tolerar um certo desprazer, isto é, adiar o prazer. Aí surge a natureza do desprazer neurótico: se um desejo reprimido atinge a consciência, é percebido como desagradável. Mas isso não resolve o enigma da compulsão à repetição. Existem sonhos traumáticos que repetem o desagradável e o jogo do *fort-da*, um jogo em que o filho pequeno retrata o afastamento da mãe.

Freud analisa a *neurose de destino*, que se caracteriza pela repetição das mesmas situações dolorosas nas diferentes relações do sujeito. Se essas situações foram criadas por ações inconscientes do próprio aparelho psíquico, não poderíamos argumentar que essas ações foram guiadas pela busca do prazer. Freud revê suas hipóteses anteriores submetidas ao campo do princípio do prazer: a tendência masoquista, a repetição de uma situação vivida passivamente e a passagem para vivê-la ativamente e assim dominá-la, a satisfação de tendências vingativas reprimidas etc. Em outras palavras, Freud percebe que a compulsão à repetição pode estar a serviço das defesas do ego, para evitar o surgimento de lembranças dolorosas.

Em seguida, Freud argumenta que o impulso de elaborar psiquicamente algo impactante, para dominá-lo totalmente, poderia manifestar-se independentemente do princípio do prazer. Consequentemente, a compulsão à repetição seria ainda mais primitiva que o princípio do prazer.

Aqui surgiria uma característica fundamental do traumático: o "domínio psíquico" da experiência, para que posteriormente pudesse ser elaborado por meio dos mecanismos de pensamento de que o sujeito dispõe.

Nasce, portanto, uma teoria sobre as neuroses traumáticas, baseada no "controle psíquico" da experiência como necessidade primária do psiquismo.

No capítulo 4 de *Além do princípio do prazer*, Freud apresenta uma segunda hipótese sobre os fenômenos traumáticos: neurose traumática secundária resultante de acontecimentos disruptivos agudos e intensos. Propõe a presença de uma barreira antiestímulo que atua como mucosa ou pele. Esta serviria para adaptar a intensidade do estímulo ao que a psique consegue processar. Se o estímulo for excessivamente intenso, o aparelho psíquico não será capaz de ligá-lo e terá início um processo repetitivo. Então, o fenômeno traumático não resultará apenas da intensidade traumática, mas também da capacidade de ligação da barreira antiestímulo.

Adicione a isso a preparação ou não preparação. O *susto* seria a característica afetiva do imprevisto.

Freud diferencia três afetos na relação do sujeito com o perigo externo:

- a *angústia*, que prepara o aparelho psíquico para enfrentá-lo;
- o *medo*, que reivindica algo ou alguém, um objeto que o ative;
- o *susto*, que acentua o fator surpresa.

Freud considerou que na neurose traumática predominava a irrupção do inesperado.

Silvia Bleichmar (em Waisbrot et al., 2003, p. 43) sugere que ainda existe outra categoria, a do *terror*. No *terror* você sabe do que tem medo, mas não consegue organizar defesas. É o que o terrorismo introduz quando pode realizar um ataque em qualquer lugar e não há como organizar uma defesa que seja eficaz para a psique. E isso permite que o sujeito se sinta não vulnerável.

3) Em *Inibição, sintoma e angústia*, de 1926, Freud localiza a relação entre angústia e neurose traumática.

Para isso, diferencia a *angústia automática*, lugar em que antes havia o susto, e a *angústia-sinal*, que será desencadeada pelo ego diante da lembrança de uma situação análoga anterior, que permitirá ao sujeito preparar-se para enfrentá-la.

A partir desse texto, Freud desenvolve uma teoria mais exata dos transtornos traumáticos. "A situação perigosa é a situação de desamparo reconhecida, lembrada e esperada. A angústia é a reação primitiva ao desamparo no trauma, reação que mais tarde se reproduz, como um sinal de socorro, na situação perigosa. O ego, que vivenciou passivamente o trauma, agora repete ativamente uma reprodução mitigada dele, na esperança de poder dirigir seu curso" (Freud, 1975).

Moty Benyakar e Álvaro Lezica (2005) descrevem quatro eixos teóricos principais para o traumático na obra de Freud:

1) Vivência de desvalimento que leva ao desenvolvimento da teoria do narcisismo.

2) Desenvolvimentos referentes ao não ligado e à ultrapassagem da barreira antiestímulo.

3) Diferença e articulação entre dois tipos de angústia: sinal e automática.

4) Teoria da existência dos princípios psíquicos fundamentais que norteiam o curso psíquico: princípios do prazer, da realidade e de controle psíquico e a compulsão à repetição, que está ligada a esse último.

Silvia Bleichmar (2000) destaca duas formas de conceber a questão do trauma em Freud. Uma, como violência que pega de surpresa o ego, que não se sente preparado e não tem defesas frente a essa violência. Outra, como modo de inserção em uma série psíquica.

Aqui ela alude ao conceito de séries complementares, em que a ideia de violência e despreparo desaparece.

Enrique Carpintero (2014a) elabora uma teoria traumática tributária da elaborada por Freud em *Além do princípio do prazer* (1920) e da segunda teoria da angústia em *Inibição, sintoma e angústia* (1926).

Ele argumenta que uma teoria geral do trauma deve levar em conta que uma vez constituído o aparelho psíquico e, portanto, os sistemas de significação que determinam a estabilidade do sujeito, é necessário pensar no que acontece quando surge uma realidade que impossibilita a relação do sujeito consigo mesmo e com os outros.

Nesse sentido, quando ocorre uma situação traumática, ela é acompanhada por uma perda (lembre que etimologicamente a palavra "trauma" deriva de palavras que em grego significam: ferir, perfurar. Isso assinala a noção de lesão, quebra e, portanto, perda). Essa perda pode ter muitas características: de uma parte do próprio corpo, uma pessoa, um objeto, uma coisa, uma casa, um trabalho, objetos imaginários como fantasias, projetos de vida etc.

O trauma surge porque permanece um resquício de angústia que não pode ser representado por palavras, ou seja, não pode ser simbolizado.

Ele prossegue dizendo que, em termos econômicos, essa angústia irrepresentável corresponde a uma energia não ligada. Quando o fato traumático supera as defesas psíquicas do sujeito, ocorre uma angústia automática que oprime o ego. Dessa maneira, o ego deixa de ser o suporte da pulsão de morte e fica preso em um processo de desestruturação. É assim que se origina uma regressão ao narcisismo primário que impede o sujeito de constituir defesas eficazes, como ocorre em situações em que a angústia funciona como angústia-sinal.

O que ele pretende sublinhar é que o problema do trauma não está ligado apenas ao efeito desestruturante do estímulo, mas ao efeito que tem para cada sujeito e *à possibilidade de encontrar suporte para sua subjetividade*. Por isso, Carpintero afirma que a noção que tenhamos de subjetividade tem implicações não só teóricas, mas também na prática clínica. Por exemplo, quando falamos em interdisciplina, estamos nos referindo a uma perspectiva epistemológica que rompe com visões fechadas de compreensão do sofrimento subjetivo.

Perceber essa complexidade o leva a criar o conceito de *corpo-subjetividade*, uma vez que a subjetividade é responsável por um nó que é corporal. É o que Freud compreende com o conceito de "séries complementares" para explicar a multiplicidade de fatores endógenos (hereditários, constitucionais e das primeiras experiências infantis) e exógenos (o quadro desencadeante atual) que intervêm na produção do sintoma. Esses fatores são complementares, cada um deles sendo mais fraco quanto mais forte for o outro. Ambas as séries variam entre si em razão inversa: para que um sintoma seja desencadeado, pode haver um trauma atual mínimo no caso de fator endógeno intenso, e vice-versa.

O traumático em Jean Laplanche

Este autor diferencia:

1) *O traumático como constitutivo do sujeito psíquico*, que já está presente na teoria freudiana, mas que se desenvolve quando se fala em "teoria traumática da constituição psíquica", e que Silvia Bleichmar retrabalhou.

Quando a mãe amamenta o bebê, ela acalma a fome, a necessidade, mas ao mesmo tempo inscreve a sexualidade que continua pulsando nele, buscando uma descarga satisfatória. Assim, o bebê começa a sugar o dedo, a mão, buscando a satisfação autoerótica. Essa instauração da pulsão no bebê é ao mesmo tempo o motor que movimenta a atividade psíquica a ser construída e se tornar mais complexa, na medida em que o bebê precisa fazer algo com a excitação que foi instalada e continua pulsando dentro de si. Por isso dizemos, a partir de Laplanche, que esse adulto não só produz ações calmantes, mas também excita.

J. Laplanche diferencia *instauração da pulsão* e *intromissão*. A *instauração* é o traumático necessário para a psique começar a funcionar e se tornar mais complexa, com novas formas de simbolização. São as maneiras como a pulsão é instaurada por meio das ações sexualizantes que o adulto realiza a partir dos cuidados iniciais à criança.

2) *O traumático no sentido de que, uma vez constituído o ego* e seu sistema de estabilidade no sujeito, *algo da realidade irrompe e produz um estrondo*, começando a provocar uma desarticulação dos modos habituais de funcionamento do psiquismo, e desorganizando a relação do sujeito consigo mesmo e com o meio. Trata-se de ações do adulto que, ao invés de provocarem a ativação de novas representações psíquicas, interrompem esse processo e exigem um trabalho intenso que pode terminar empobrecendo a complexidade psíquica.

Jean Laplanche fala de *intromissão* referindo-se a um modo de entrada no psiquismo, baseado nas ações do adulto, cuja característica é não serem metabolizáveis e serem intraduzíveis para a criança. Produz um curto-circuito de entrada, não permite a produção psíquica. Nesse sentido, o abuso sexual do adulto contra a criança é uma intrusão profunda em sua psique.

Aqui é interessante parar para destacar a diferença entre Jean Laplanche e Silvia Bleichmar. Laplanche (1987) fala de uma *sedução original* por parte da pessoa que instaura a pulsão. Silvia Bleichmar

(1999), ao mencioná-la como *pulsação materna*, enfatiza o inconsciente materno, não como ato voluntário. *A mãe, ou quem exerce essa função, não sabe que está produzindo a ação que será sexualizante.* Esta é a condição para que se trate de instauração, e não de intromissão da mãe ou do adulto responsável.

Isso é central para compreender a diferença entre a inscrição da sexualidade que ocorre a partir do inconsciente materno, como forma constitutiva da psique infantil, e o abuso sexual do adulto perverso contra a criança. No primeiro caso, enquanto a mãe conversa, amamenta, limpa, embala o bebê, ela imprime sexualidade a ele. Ela o excita, mas *como a psique da mãe está cindida, a sexualização é proveniente do inconsciente dela. Não é um ato voluntário.*

É muito diferente o caso do adulto perverso que exerce ações sexualizantes e erotizantes sobre a criança com intenção de obter sua própria satisfação genital. Essa sexualização não se realiza a partir de um aparelho psíquico cindido, a partir do inconsciente, e os efeitos no psiquismo da criança são desestruturantes e desorganizadores. Geralmente trata-se de um plano paulatino para seduzir a criança, levando-a à dessubjetivação, pois, para sua satisfação, o perverso busca que se instale na criança submissa o desejo de participar do que o adulto deseja, com a finalidade de obter a satisfação sexual genital direta.

Silvia Bleichmar: evento, acontecimento e traumatismo

Silvia Bleichmar (2000), discípula de Jean Laplanche, trabalha a diferença e a relação entre um acontecimento, um evento e um trauma.

Um evento não é traumático por si mesmo. O sentido que terá, de traumático ou não, estará relacionado ao caráter que assuma na vida psíquica. Não será possível determinar se foi ou não traumático a não ser *a posteriori*, nunca com antecedência e nem sempre no momento do acontecido.

Um evento, como a morte da mãe em determinado momento da vida, pode ou não ser um acontecimento. O fato de um evento se tornar um acontecimento na vida do sujeito tem a ver com os significados que ele lhe atribui. O acontecimento implica uma proeminência em termos do que René Thom e Roger Dorey (1999) propõem, como algo que implica a ruptura de certa contiguidade. Por isso marcamos a diferença entre pregnância e saliência.

A diferença entre a psicologia e a psicanálise é que esta não se interessa pelo acontecimento factual, mas pelas teorias que o sujeito gera acerca da causalidade psíquica. "O que eu fiz e que coisas pensei para que meu pai viesse e fizesse o que ele fez comigo?" Isso é vivenciado dessa forma, apesar do fato de que, na realidade, a aleatoriedade do acontecimento ingressa e a psique da criança precisa reconstruí-la.

Mas, no caso de abuso sexual, geralmente encontramos o que podemos denominar de *grande trauma*, pela força que geralmente tem para desarticular a psique.[3]

Z., uma criança de 4 anos cujos pais estavam separados, foi levada para consulta porque repentinamente se recusou a ver o pai e começou a ter medo dele. Nos dias anteriores à consulta, a menina implorou à mãe que não a deixasse ir sozinha com ele para a sua casa.

Quando questionada por que não queria ver seu pai, ela só conseguiu responder que ele fazia uma coisa feia com ela.

---

3 Cassandra Pereira França (2010) concorda com essa avaliação. "No caso do abuso sexual é preciso ampliar essa definição à especificidade dos grandes traumas, que por sua força e sua precocidade, são desarticuladores dos traços identitários básicos, constituintes do psiquismo" (Cap. 14, "Restos da inundação pulsional").

Os atos de abuso a que Z. foi submetida por seu pai, e as ameaças sádicas que ele fez a respeito de que a mãe a abandonaria, não a procuraria novamente e depois morreria, impactaram a psique da menina que estava em plena etapa edipiana e poderia ter fantasias de eliminar sua mãe e, por isso, Z. vivia com medo de que algo ruim acontecesse com sua mãe e não conseguia se separar dela nem por um instante. Seu sofrimento ainda não estava ligado aos acontecimentos sexuais genitais do abuso, mas ao terror despertado nela diante das ameaças do pai de que sua mãe poderia morrer.

Ela precisou vincular o novo que entrou em seu psiquismo (a excitação e as ameaças do pai) às estruturas simbólicas que possuía, e que naquele momento eram atravessadas por fantasias edipianas de rivalidade com a mãe. Por tudo isso, Z. apresentava como sintoma o terror permanente de se separar da mãe e a pressão excessiva sobre si para cuidar da mãe para ela não morrer.

O trauma está relacionado ao acontecimento, mas não se sobrepõe a ele. A eficácia traumática não resulta da intensidade do acontecimento, mas está ligada a relações particulares que se estabelecem entre as quantidades externas que invadem o psiquismo e o que é desencadeado internamente.

O trauma já é o efeito do acontecido. É o que o relato não consegue abarcar. Por isso o traumático aparece como sintoma e como ausência de relato. Por isso geralmente a criança não consegue desenhar o abuso ou relatar a situação. Muito pelo contrário, quando houve trauma, será necessário compreender que é como se um vendaval tivesse soprado e deixado os pedaços quebrados, espalhados, esparramados. E precisaremos ver se podemos reconstruir algo acerca do que aconteceu e ajudar a criança a compreender o que acontece com ela. Dificilmente encontraremos o relato, ou a brincadeira, ou o desenho da experiência traumática vivida como uma simbolização do ocorrido. Encontraremos os pedaços que continuam girando no ar porque o vendaval não acabou. Continua soprando a partir de dentro do próprio aparelho psíquico e agitando tudo.

Algumas precisões conceituais no campo do traumático

Moty Benyakar e Alvaro Lezica (2005) defendem a necessidade de distinguir eventos factuais externos desestabilizadores com a máxima clareza, nomeando-os como *situações perturbadoras*, dos *processos psíquicos* que são desencadeados. O processo singular que cada sujeito pode realizar nos permitirá saber como isso impactou sua psique e se causou ou não um efeito traumático. Por isso, *as situações seriam traumatogênicas*, em relação à sua potencialidade, mas não traumáticas, pois para poder saber seria necessário conhecer previamente os efeitos patológicos ou não que pudesse ter desencadeado naquele aparelho psíquico.

Por isso eles afirmam que nem o comovente relato de um evento nem os sintomas iniciais nos permitirão saber rapidamente se ele produziu um efeito traumático. Esta será a conclusão a que se poderá chegar depois de muito tempo e de um diagnóstico.

Uma *situação perturbadora* terá resultado *traumático* na medida em que teria atuado impedindo a articulação normal entre afetos e representações psíquicas, tendo ocasionado um colapso entre o psíquico, o social, o temporal e o espacial.

Dois tempos no trauma, que se articulam em uma série psíquica

Voltando ao que Freud trabalha acerca do conceito de série psíquica, ele argumenta, em "Estudos sobre a histeria", de 1895, que *o traumático não é o momento do acontecido*, do evento que ocorreu, *mas um momento posterior em que se recompõe a relação entre dois eventos que se articulam em uma série.*

> *A conversão, isto é, a criação de fenômenos histéricos, não se desenvolve imediatamente após o trauma, mas após um intervalo de incubação. Charcot chamou esse intervalo de "época da elaboração psíquica". A angústia que Catarina sofreu em seus ataques foi histérica; ou seja, constituiu uma reprodução do que a oprimiu durante cada um dos traumas sexuais. (Freud, 1975)*

Em adolescentes que sofreram abusos na infância, constatamos muitas vezes que o evento ocorrido na infância só recebe o significado de abuso sexual após a vivência de sensações ligadas à sexualidade genital a partir das mudanças hormonais da puberdade, desencadeando o trauma na adolescência.

> *Na análise de toda histeria a partir de traumas histéricos, verificamos que as impressões do período pré-sexual, cujo efeito sobre a menina foi nulo, como recordações adquirem poder traumático posteriormente, quando a pessoa, adolescente ou já mulher, chega à compreensão da vida sexual. (Freud, 1975)*

Porém, o evento ocorrido na infância não deixa de ter potencial traumatogênico devido ao sadismo, às ameaças, ao sigilo e a tantas outras operações do adulto agressor. Mas o sentido de busca do prazer genital que teve para o agressor só pode ser compreendido após a puberdade.

Em um segundo tempo, a menina passa pela puberdade e, a partir das mudanças hormonais, começa a realizar o trabalho psíquico puberal[4] para se apropriar subjetivamente da sexualidade genital, ressignificando o abuso vivido na infância, e só a partir desse momento será capaz de compreender a sensação de prazer genital que o agressor sentiu.

Quando Philippe Gutton (1993) fala do trabalho psíquico puberal, ele enfatiza a importância do olhar desejante do casal adolescente para orientar libidinalmente seu corpo sexuado de maneira adequada. Geralmente, a adolescente passa a reconhecer a presença de sua própria sexualidade genital a partir do olhar erótico do outro.

Por isso os laços entre pares são tão importantes nesta fase.

Adriana Franco (em Pereira França, 2017, Cap. 5) sustenta a esse respeito:

> *Ao se identificar com seu par, libidinizar seu corpo e por meio do olhar desejante do outro, se poderá investir libidinalmente seu próprio corpo e alcançar a identidade sexual escolhendo um objeto sexual adequado e não*

---

4 Gutton (1993) fala do trabalho psíquico que a puberdade desencadeia, que poderia ser denominado como "A partir do amadurecimento do aparelho genital, pré-anunciado pelo surgimento dos caracteres sexuais secundários, até a genitalização psíquica da sexualidade". Adriana Franco (em Pereira França, 2017) o considera um processo específico, um elo que dá ao sujeito uma segunda chance de resolver os resíduos da neurose infantil e acessar a transferência objetal, que é uma das tarefas da adolescência.

> *incestuoso. Para poder alcançar essa meta, os adultos significativos devem recuar e evitar a ameaça incestuosa.*

K., uma adolescente de 18 anos que veio à consulta muito angustiada, relatou que entre as idades de 6 e 9 anos seu tio paterno a tocou. Quando ela ouviu na televisão, ainda adolescente, que no norte da Argentina um tio havia estuprado sua sobrinha e a matado, isso deu significado ao abuso de seu tio e ela começou a querer contar a respeito. Sua família não acreditou nela, argumentando que se fosse verdade, ela teria contado na época em que aconteceu, não tantos anos depois. Em todo caso, a menina, que entre as idades de 6 e 9 anos teve episódios sexuais com seu tio, sentiu que o que havia acontecido antes agora a superava. Aquilo constituiu para ela um acontecimento com marca no ego. O destino traumático ou não traumático desse acontecimento ocorreu a posteriori.

Possivelmente a assustava muito, ela queria gritar, e ao mesmo tempo a excitava, sem saber o que fazer com tudo o que acontecia com ela, mas não tinha o caráter traumático que adquiriu apenas após o segundo acontecimento que ocorreu na adolescência, quando ela escutou o relato da televisão e descobriu o significado genital que tivera para seu tio o vivenciado na sua infância.

Aqui é possível ver que uma situação excitatória como o abuso pode resultar em prazer para a pulsão enquanto o ego passa por uma experiência de sofrimento.

Então, temos um *primeiro acontecimento* (o que o tio fazia com ela entre os 6 e 9 anos de idade) que se passou de tal forma que não há sujeito para poder dar significado a isso. Depois temos um *segundo acontecimento* (ouvir a história do estupro na televisão) em que se faz presente através da visão de um elemento do mundo exterior aquilo que foi sofrido e não foi significado. A partir desse momento, a adolescente o significa e o encaixa ao que lhe aconteceu na infância, e aquilo do passado se torna traumático e produz sintomas: ela não consegue dormir, sente medo quando está intimamente perto de um homem. O conceito de trauma em duas etapas e uma temporalidade não linear, de ressignificação *a posteriori*, estão em curso.

Na pesquisa clínica[5] em relação aos efeitos da apropriação da genitalidade em adolescentes que sofreram abuso sexual na infância, encontramos resultados vinculados a esse segundo momento do trauma que nos fizeram pensar no mérito de uma *nova consulta psicológica após a puberdade*, se a criança sofreu abuso sexual na infância. Baseia-se no fato de que só a partir da vivência da inscrição psíquica da genitalidade é que o ocorrido na infância, com alto potencial traumático, adquire um novo significado.

É importante não cair na banalização do trauma como acontecimento. Trata-se de movimentos complexos que vão ocorrendo a partir do enigma introduzido por um acontecimento que interrompe as possibilidades de o sujeito lhe dar sentido com as teorias de que dispõe.

O sadismo pulsional do agressor

O trabalho com crianças que sofreram abuso sexual na infância nos permite observar que, muitas vezes, o traumático na infância é o sadismo do agressor, as ameaças sobre o que acontecerá com a menina ou com o menino se não guardarem segredo, o perigo de

5 Trabalho de investigação: "Abuso sexual infantil y el investimento/desinvestimento libidinal del cuerpo sexuado genitalmente". UBACyT, Fac. de Psicologia da UBA 2011/2013. Autores: Franco, Adriana Noemí; Tkach, Carlos (codiretores); Gómez, Valeria (metodologista); Toporosi, Susana; Camels, Juliet; Woloski, Graciela; Pucci, Victoria; Raschkovan, Ivana; Germade, Agustina; Peñaloza, Nancy; Santi, Gabriela (pesquisadoras).

perder o amor da mãe etc., que se articulam às fantasias edipianas desse menino ou menina e ameaçam a partir do interior do aparelho psíquico, do superego, por exemplo, produzindo intenso sofrimento intimamente vinculado à culpa.

A sensação de estar totalmente entregue ao sadismo de um adulto de quem esperaria proteção e cuidado, sem que surja nenhum gesto de ternura que possa deter o sadismo, provoca na menina um sentimento desesperador e enlouquecedor de desamparo.

O sadismo implica prazer na apropriação do corpo do outro, na devastação de sua subjetividade e em haver causado sofrimento.

Silvia Bleichmar (1999, p. 193) defende que é preciso diferenciar sempre o exercício da pulsão em sua acefalia, diante da ausência do sujeito orientador de suas ações, e o fato de o ego se encarregar do prazer que o sofrimento do outro produz. Esse último, a apropriação pelo ego do sofrimento infligido ao outro, é o verdadeiro sadismo e é o que encontramos em muitos abusadores sexuais. Sempre que há sadismo, há prazer pulsional, o que o diferencia da ausência de emoção diante do sofrimento do outro.

A questão é como se processa no psiquismo de cada criança ter sido objeto de vitimização por parte do agressor que, muitas vezes, é o pai ou quem deveria cumprir as funções de cuidar, abrigar e colocar limites e legalidades, funções essenciais por parte de qualquer adulto que educa.

Identificação com o agressor em Sándor Ferenczi

Tal como S. Ferenczi (1933) afirma em *Confusão de línguas entre os adultos e a criança*, as seduções costumam se dar assim:

> *a criança tem fantasias lúdicas com o adulto. Essa brincadeira pode assumir formas eróticas, mas permanece sempre ao nível da ternura. Não acontece o mesmo com adultos que tenham predisposição psicopatológica: confundem as brincadeiras das crianças com os desejos da pessoa sexualmente madura, deixam-se envolver nos atos sexuais sem pensar nas consequências.*

No que diz respeito às crianças, Ferenczi afirma que se sentem física e moralmente indefesas, não conseguem protestar e, frente à autoridade e à força do adulto, calam-se e se submetem à vontade do agressor, até adivinhar cada uma de suas reivindicações, chegando à *identificação com o agressor*. O agressor desaparece como realidade externa e a identificação atua a partir do psiquismo da criança, o que a torna totalmente obediente, e ainda a leva a moldar seus desejos de modo alucinatório seguindo o princípio do prazer. Ao introjetar o sentimento de culpa do adulto, a criança transforma essa brincadeira em um ato merecedor de punição, pois se sente responsável por ter sentido desejo ou por ter sentido prazer.

Isso explicaria os pesadelos sofridos por meninos e meninas que sofrem abuso sexual, por longos períodos, sendo um dos efeitos de mais difícil resolução.

S., uma menina de 4 anos, cuja história será desenvolvida no Capítulo 3, me diz em suas primeiras entrevistas: "Você sabe como eu adormeço? Penso em animais maus, eles me mordem, são feios, comem gente, são como extraterrestres. Eles fecham a porta e me esmagam. Eu sonho à noite quando adormeço. Sonho com ladrões que me sugam meu rosto, muitas coisas feias. Fico sozinho, quero ligar para minha mãe. Ela está no trabalho". Esses pesadelos durarão por um período prolongado, e revelam a identificação com o agressor, que também se expressa em comportamentos muito agressivos com algumas garotas de seu ambiente. Pesadelos como punição proveniente do superego da menina.

Trauma e memória: maneiras de o trauma alterar a capacidade de lembrar

A primeira coisa que o trauma provoca é a distorção na maneira de lembrar e esquecer. Ser capaz de esquecer por meio do mecanismo de recalque é uma conquista muito sofisticada a que se acede após muitos processos na constituição psíquica. O mesmo vale para o poder de voltar a lembrar. É como se a psique pudesse ter preparado um arquivo para armazenar lembranças e tê-las disponíveis. Mecanismos como recalque e lembranças encobridoras aí operam.

Quando a psique passa por uma situação traumática, ocorre uma profunda alteração na forma de armazenar as lembranças e de organizá-las para sua recuperação. Não há mais lembranças. Não significa que não exista qualquer lembrança, apenas as que se relacionam aos acontecimentos traumatogênicos. Existe outra coisa. Há algo permanentemente presente que não pode ser esquecido nem ser colocado em espera. O que aconteceu dá origem ao que Freud chamou de reminiscência em vez de lembrança. Em *Além do princípio do prazer*, Freud nos diz que as pessoas que sofrem de neurose traumática tentam não pensar no acidente sofrido.

As imagens do ocorrido invadem permanentemente a princípio, dia e noite, não permitindo descanso ou desencadeando pesadelos.

A criança que passou por uma experiência traumática será capaz de se lembrar do que viveu? De que tipo de memória se trata?

Por que uma situação traumatogênica disruptiva não pode ser esquecida e lembrada, ou seja, não pode entrar no circuito da repressão secundária, que permite que algo vivido seja arquivado e depois recuperado sob forma de uma lembrança, para então voltar ao esquecimento, tratando-se de conteúdo disponível para ser recuperado?

O acontecimento traumático foi tão intenso que não consegue entrar no circuito descrito e, muitas vezes, tem presença avassaladora, permanente e compulsiva.

Não são memórias evocadas. São presenças que surgem de maneira permanente e não como evocação. São revivescências. Não podem relacionar-se a outra coisa, não podem se vincular. Só podem ser evacuadas.

"O trauma não está disponível para o pensamento. O pensamento é que fica aprisionado à disposição do trauma" (Bleichmar, 2010a, p. 60).

Reynaldo Perrone e Martine Nannine (2007) definem a revivescência como experiência de reviver o acontecido, de maneira repetitiva e contra a vontade do sujeito. Eles descrevem que se manifesta de acordo com sete modalidades:

1) Revivescência alucinatória (reprodução psíquica de imagens ou sons do evento)

2) Por ilusão (impressão de vivenciar um evento semelhante)

3) "Lembranças" forçadas (evocação permanente do acontecimento)

4) Ruminação mental (perseverança no pensamento)

5) Viver como se o evento fosse reproduzir-se (percepção errônea de sinais)

6) Agir como se o acontecimento estivesse se reproduzindo

7) Repetição de pesadelos

Destino do traumático no psiquismo infantil

O que pode acontecer, então, na psique traumatizada da criança ou do adolescente?

1) Em um *primeiro momento*, geralmente está presente todo o tempo, o que costuma ser enlouquecedor. Isso é o que está por trás de muitas tentativas de suicídio de adolescentes abusadas. Na realidade, se lhes perguntarmos, elas não querem morrer, mas não suportam a presença permanente e invasiva das imagens do abuso e sentem que só se matando poderão continuar a viver.

Hoje, também há muitas adolescentes que cortam a pele para sentir uma dor física que alivia a dor psíquica de maneira quase imediata.

Nesse primeiro momento, a criança ou adolescente tentará realizar uma evacuação, mas em geral as imagens retornam de maneira compulsiva.

2) Em um *segundo momento*, o sujeito entra em um estado de retraimento que pode ser confundido com depressão. Há apatia e desconexão aparente com o meio ambiente.

3) Depois de um tempo, ocorre um *terceiro momento* em que um destino possível para a presença traumática é que se dispare um mecanismo extremo de *cisão* que encapsula essa experiência, ou seja, isola-a para que fique totalmente separada, como se nunca tivesse acontecido. Essa separação tem um custo alto, pois empobrece o ego. O sujeito não sente nem registra uma série de afetos que poderiam conectá-lo emocionalmente com o encapsulado para não o reativar.

Na melhor das hipóteses, será possível, com a ajuda de alguém em uma análise ou em alguma circunstância da vida, vinculá-lo a emoções, sensações, sentimentos e imagens do presente. Assim, o cindido *se integrará* aos poucos à vida psíquica e só então poderá ser submetido ao recalque e ao esquecimento.

A cisão do ego como recurso psíquico: um destino às vezes inevitável para continuar vivendo

Laplanche e Pontalis (1968), em relação aos artigos de Freud nos quais ele desenvolve o conceito de cisão do ego – "Fetichismo" (1927), "A divisão do ego no processo de defesa" (1938) e "Esboço de psicanálise" (1938) – dizem que Freud se refere à psicose e ao fetichismo, visto que essas enfermidades abordam o problema da relação entre o ego e a realidade. Em relação ao fetichismo, Freud destaca a coexistência de duas atitudes contraditórias no ego durante a vida: elas negam e reconhecem a falta de pênis na mulher. Essas duas atitudes persistem ao longo da vida sem se influenciarem.

Enrique Carpintero (2014a) se refere a este mecanismo de cisão do ego da seguinte maneira:

> *Com o termo "cisão do ego", Freud se refere à coexistência no ego de duas atitudes psíquicas em relação à realidade externa na medida em que isso colocaria em contradição a exigência pulsional. Uma delas leva em consideração a realidade, a outra a nega e a substitui pela produção do desejo. Ambas as atitudes coexistem sem se influenciarem reciprocamente. Freud exemplifica isso ao contar a história do rei Boabdil. Esse rei não queria saber de notícias que significassem o fim de seu reinado. Por isso, queimou as cartas e mandou matar o mensageiro que as trouxera. No entanto, o rei percebeu que não é possível matar o mensageiro da realidade. O*

> *que o rei pode fazer – Freud argumenta – é construir no meio de seu palácio uma prisão totalmente murada e oculta na qual encerrará o mensageiro e também as cartas. Desse modo, o mensageiro da realidade aparentemente não chegou, embora continue existindo bem no meio do palácio. O rei pode continuar a reinar completamente cindido-separado das más notícias trazidas.*

A cisão do ego como indício valioso

Cassandra Pereira França[6] (2005) refere-se em particular à cisão do ego na clínica dos traumas sexuais:

> *Embora o conceito de trauma psíquico tenha percorrido toda a história do desenvolvimento teórico freudiano, durante o qual sofreu considerável evolução, ainda temos dificuldade de saber como abordá-lo com as estratégias de manejo clínico proporcionadas pela psicanálise. Porém, ao discutirmos profundamente casos clínicos em que a presença de traumas é indiscutível, observamos a cisão do ego como defesa sempre operante e acompanhada de movimentos psíquicos de negação do que se vê.*

Ela argumenta que a cisão, além de impedir o recalque, evita a instalação do conflito psíquico e sua possível elaboração ao não permitir o acesso ao psiquismo de partes insuportáveis da experiência traumática. Tudo nos leva a crer que seria um dos recursos

---

6 Psicanalista brasileira que dirige um programa de pesquisa, formação e ação em relação ao abuso sexual de crianças e adolescentes: Projeto Cavas (Crianças e Adolescentes Vítimas de Abuso Sexual), na Universidade Federal de Minas Gerais, Faculdade de Psicologia, Belo Horizonte.

psíquicos mais vantajosos para lidar com o inadmissível da experiência humana.

Quando um trauma invade o psiquismo e faz o sujeito enfrentar duas realidades que não podem coexistir, outra defesa poderosa precisará garantir a clivagem intrassistêmica do ego. Freud denominou essa defesa de *Verleugnung* (recusa, denegação), que se encarregará de impedir que o sujeito reconheça a realidade da percepção traumatizante, rompendo os elos necessários ao reposicionamento do acontecimento na cadeia associativa do processo temporal e processual do psiquismo. Citando Figueiredo (2003), Pereira França sugere que a melhor tradução para *Verleugnung* é recusa: "o que se rejeita não é determinada percepção, mas o que vem ou viria depois dela: outra percepção que a primeira torna possível, uma possibilidade de simbolização, uma conclusão lógica aparentemente necessária ou uma memória que a percepção pode reativar". Não se trata, por exemplo, de negar o que foi visto em seu sentido próprio, mas de impedir que o psiquismo faça inferências a partir do que foi visto.

Pereira França argumenta que mesmo que a cisão do ego esteja instalada, operando a negação e também o encapsulamento do conteúdo traumático, para diminuir a dor, as consequências para o desenvolvimento identificatório da criança são desastrosas. Por não conseguir transformar o episódio traumatizante em experiência subjetiva, metabolizável, a clínica de crianças nos mostra que um destino, o mais cruel, é a *identificação com o agressor*. A criança continua a dedicar submissão e obediência a esses adultos violentos que eram provedores de apoio físico e emocional.

Pereira França lembra que entre os discípulos freudianos, Sándor Ferenczi foi o que mais se preocupou em tentar compreender as manifestações transferenciais de extrema submissão ao processo analítico. Pôde perceber que os pacientes violentos tinham se tornado reféns da repetição traumática e isso os levou a colocar o analista no lugar do agente originário do trauma. Assim, esses pacientes, apesar de serem extremamente obedientes e demonstrarem aceitação das interpretações, costumavam surpreendê-lo com acessos de raiva durante os quais o acusavam de ser insensível e cruel. Achando muito estranhas essas reações, visto que sua técnica o levava a ser muito mais acolhedor e a valorizar extremamente os afetos transferenciais, Ferenczi concluiu que atuavam a experiência originária da violência, com a diferença de que sua atualização na transferência partia de um objeto agressor internalizado que continuava a atacar a partir do interior da psique.

Em suas conclusões, Ferenczi postulou que *a identificação com o agressor* ocorre quando o medo da criança diante da autoridade e da força do adulto chega a provocar uma perda de consciência que paralisa as reações normais de resistência à agressão e impossibilita recorrer a qualquer tipo de defesa contra o desprazer. Nesses casos, a solução encontrada pelo psiquismo é transformar o agressor em intrapsíquico.

A identificação com o agressor parece instalar no psiquismo duas figuras que representam a cena da agressão: a criança maltratada – representando o ego fragilizado – e o agressor, que age de forma semelhante ao superego sádico. Caso o psiquismo não pudesse suportar a parte que representa o agressor, esse fragmento seria projetado para o mundo externo – movimento que propicia ou facilita encontros nos quais o objeto "encarnaria" essa projeção, levando-o a atuar como sádico. Portanto, novamente diante do agressor, só restariam ao indivíduo a submissão e a obediência: a reconstituição da cena traumática em que, originalmente, ele teria sido forçado a ficar quieto para garantir sua sobrevivência.

Myrian Uchitel[7] (2001) está em consonância com essa visão ao afirmar que a criança identificada com o agressor "é triplamente vítima: por não ter mais o objeto idealizado que perde, por ser objeto de agressão e por converter-se ele mesmo em agressor".

Pereira França conclui que, se a reprodução da violência da criança não fosse contida a tempo, poderia resultar em comportamentos transgressores e delinquentes na adolescência. Ela defende que a análise de crianças e adolescentes deve sempre criar condições para a liberação dos altos níveis de sadismo que se concentram em seu psiquismo desde tenra idade, a fim de reduzir o risco de uma possível organização psíquica perversa.

No capítulo 5 deste livro, será desenvolvido um caso clínico, o de T., no qual veremos como o analista de crianças trabalha para tentar mudar o curso de uma identificação com o agressor, e para que o que permanece cindido depois do trauma possa ser tratado, contido e integrado quando adentra abruptamente o consultório. O analista propicia seu processamento pela criança no interior da experiência emocional que se desenvolve no vínculo transferencial.

7 Psicanalista uruguaia residente em São Paulo.

2. O indiciário: um método para reconhecer o traumático

A questão do diagnóstico no campo do trauma

Vamos nos referir ao diagnóstico no âmbito da clínica, não no campo da perícia psicológica, ou da entrevista investigativa singular na Câmara Gesell, ou outras intervenções no campo judicial.

Uma das primeiras questões é em que momento após o acontecimento disruptivo se faz o diagnóstico, ou seja, a avaliação psicológica a partir dos sintomas que levaram à consulta.

O abuso sexual de crianças apenas algumas vezes é motivo de consulta. Muitas outras o relato do abuso ocorre pela primeira vez em meio a um tratamento, já que a criança ou adolescente "não se lembrava", ou não sabia nomear, ou precisou de muito tempo na transferência para que "o que havia acontecido" pudesse se desenvolver e se fazer ouvir, por si e pelo analista.

O que lhe confere um caráter específico é que, muitas vezes, sua presença não surge pelo relato, mas pela impossibilidade de relatar.

Choro desencadeado repentinamente, impossibilidade de se despir ou de ser examinado pelo médico de adolescentes, uma sequência de consultas com o médico por motivos não muito claros, atitude de extrema vigilância durante a consulta são "a ponta do *iceberg*", o que se vê, e iluminam que algo está submerso na visão do profissional que o atende. É uma luz de alarme que acende para se deter e não deixa passar.

No caso do analista ou psicólogo, se a consulta for realizada nos primeiros momentos após o acontecimento, em que a criança ainda está sob o efeito desorganizador do trauma recém-acontecido, é possível que o terapeuta possa ter determinado tipo de acesso, certamente diferente do tipo de acesso possível após ter se passado algum tempo e o psiquismo da criança ter organizado certas defesas. As defesas são essenciais para a criança poder continuar sua vida com o que lhe aconteceu, que entrou em seu psiquismo alterando o funcionamento normal. Quando a experiência perturbadora acabou de acontecer, a desorganização psíquica costuma ser visível, a tal ponto que às vezes pode parecer que se trata de uma criança com comportamentos psicóticos.

Em algumas instituições, certas regras foram estabelecidas para não levar a criança para tratamento até ter sido feita a denúncia judicial, e até ela ter sido entrevistada na Câmara Gesell, tentando chegar a essa instância no menor tempo possível após a denúncia do abuso. Isso facilitaria que o relato da criança não fosse contaminado pela troca com profissionais da área da saúde, de um hospital ou de um consultório médico.

Quando falamos de diagnóstico no campo do abuso sexual de crianças, falamos de várias coisas. É um terreno complexo, pois em muitos casos a criança é trazida por uma suspeita desencadeada por algo que contou à mãe, ou à professora. Mas há outros casos em que a consulta é feita por outro motivo e, durante o diagnóstico ou tratamento, surgem sinais de que essa criança sofreu abuso há alguns anos ou está sofrendo.

Para quem recebe o relato perturbador que levanta suspeitas, é inevitável tentar entender se há ou se houve abuso. O enigma se instala até ser esclarecido. Não é possível continuar trabalhando com a criança cindindo a descoberta caso haja a suspeita de que pode estar em profundo sofrimento e sem alguém que o registre. Cabe à ética de qualquer profissional investigar até esclarecer, tornar visível até interrompê-lo e canalizá-lo para ser denunciado.

Abuso e denúncia judicial

A denúncia tem um efeito de verdade que desarticula o ambiente de negação em que o abuso ocorreu. Interrompe os encobrimentos e, no longo prazo, é sempre uma intervenção subjetivante para a menina e a família, embora de imediato implique uma grande comoção, rupturas familiares etc. A marca simbólica deixada pelo fato de que alguém tenha acreditado e rompido o pacto de silêncio e ocultação proposto pelo agressor ao torná-lo público em uma denúncia é um passo muito importante na elaboração do trauma individual da menina ou adolescente.

Muitas vezes escuta-se que é melhor não denunciar por ser um caminho mais traumático que o abuso em si. A verdade é que, além das situações difíceis que podem se abrir para uma menina ou adolescente e sua mãe a partir da denúncia, em virtude dos maus-tratos que às vezes podem advir das instituições que deveriam garantir a justiça e o respeito aos direitos da criança, a marca deixada na subjetividade pelo fato de um adulto da família ter tido coragem de romper a submissão é muito protetora e subjetivante. A clínica nos proporciona esse ensinamento.

Dado que o abuso sexual de crianças consiste antes de tudo no gozo com o poder de subjugar outro que desaparece como sujeito, e que a garantia da manutenção desse poder é secreta, a denúncia transforma-se em modo de visibilidade social e de interrupção do circuito de isolamento e submissão da criança ou do adolescente, que são os mais fracos na cadeia de poder.

O campo é muito complexo, pois pode acontecer de a família não tolerar ser descoberta e deixe de comparecer às consultas, até outros casos em que a família se dispõe a reconhecer e a denunciar, passando por uma ampla gama de possibilidades. Por isso, quando uma menina relata uma situação que possa despertar suspeita de abuso, é importante ela não sair do consultório ou do hospital antes de se ter informações completas sobre nome, endereço e telefone da pessoa que consulta e da sua família, e o nome do suposto agressor.

C. tinha 15 anos de idade. Seus pais se separaram e ela não via sua mãe. Morava com seu pai e seus tios paternos na casa dos avós paternos. Era uma família muito endogâmica em que ninguém saía. Cada um que nascia, cada geração que começava, se acrescentava à família. Ao comparecer à consulta, a qual marcara em virtude de repetidas dores nas costas, relatou uma situação de abuso sexual por um dos tios coabitantes, ocorrida há um ano.

Imediatamente realizou-se uma entrevista em que foi notável a descrição de indicadores muito precisos que não deixaram dúvidas de que ela contava algo traumático vivido. C. relatou: "Ele me levava para a cama quando não havia ninguém por perto, tirava minha roupa, me colocava de costas, colocava meu cabelo para cobrir meu rosto para eu não ver, apertava minha mão se eu reclamasse para eu não gritar".

Esses detalhes sobre o que o tio fez com ela seriam impossíveis de narrar se não os tivesse vivido. Mas também um dos indicadores mais claros foi a angústia com que ela relatou algo que estivera guardado até a primeira oportunidade em que alguém que pudesse acreditar nela a escutou. Nunca havia contado para as tias, nas quais não confiava pois eram muito exigentes com os estudos, sempre se mostravam insatisfeitas, e C. pensou que não acreditariam nela.

As tias foram convocadas para uma entrevista, juntamente com o pai. O pai compareceu, mas afirmou que as tias não acreditariam nesse relato e não aceitariam contar aos avós, pois provocaria desestruturação familiar. Esse posicionamento dos adultos que priorizavam a suposta unidade familiar que, na verdade, consistia em negação, indiscriminação e fusão, e não na proteção da adolescente, tinha muita coerência com a dita endogamia. As tias chamaram C. de mentirosa. Após alguns dias, compareceram à entrevista e afirmaram que C. não viria mais à consulta e seria punida por suas mentiras, indo para a casa da mãe.

É interessante pensar como funciona uma família indiscriminada, em que quem tenta se discriminar é expulso para manter a estabilidade de um sistema precário em que nada pode ser questionado nem posto em dúvida. Apenas certezas. As tias afirmaram que seria impossível não terem percebido se o abuso tivesse ocorrido, pois nunca deixaram de observar o que se passava na casa e C. nunca estava fora de vista. C. seria expulsa da casa, bem como a terapeuta, pois eles não iriam mais à consulta. Foi preciso ir à Ouvidoria da região para manter contato com a adolescente.

A Câmara Gesell

Reconhecendo a complexidade da situação em que entra a mãe que denuncia, principalmente se a suspeita for em relação ao pai ou a outros parentes muito próximos, como avôs ou avós, no ano de 2014 o Ministério Público, na cidade de Buenos Aires, inaugurou um dispositivo de orientação e acompanhamento de vítimas de violência, o Dovic (Dirección General de Acompañamiento, Orientación y Protección a las Víctimas), extremamente organizador para as famílias que passam por algum desses processos. Os familiares são orientados acerca dos próximos passos na área da Justiça, desde que a denúncia já tenha sido feita, condição fundamental. Às vezes trabalhando apenas com adultos, outras vezes também com crianças, é possível avaliar se há condições para a criança realizar a entrevista na Câmara Gesell ou ainda não. Crianças e adolescentes que desejam testemunhar também são preparados, a partir de uma perspectiva extremamente respeitosa.

O Ministério Público trabalhou para reformular a entrevista na Câmara Gesell de forma a respeitar integralmente as possibilidades e as condições da criança. Para que esses dispositivos sejam sustentados, é imprescindível que se mantenha a perspectiva de proteção dos direitos da criança e do adolescente.[1]

A única entrevista de investigação que ocorre na Câmara Gesell consiste em um espaço preparado para a obtenção de provas em um processo judicial. Está projetada para obter o máximo de informações e detalhes por meio do relato da criança. O material é filmado e gravado para ser utilizado posteriormente no julgamento.

1 Durante o ano de 2016, o Ministério Público, Coordenação de Orientação e Informação Geral – Câmara Gesell – Dovic, sob a direção de Malena Derdoy e coordenação de Valeria Torcetta, realizou reuniões interdisciplinares e intersetoriais nas quais representantes de Ministério Público, Procuradorias, Unidades Fiscais, Ouvidoria do Menor, Unicef (Fundo das Nações Unidas para a Infância), Enclaves (associação civil pela saúde mental e pelos direitos humanos), Coletivo pelos Direitos da Criança e do Adolescente, Associação Argentina contra o Abuso a Crianças, Hospital Gutiérrez, Ciena (Centro Integral Especializado en Niñez y Adolescencia), entre outros. Com base no que foi discutido nessas reuniões, foi elaborado um Guia de Boas Práticas para a Tomada de Depoimentos de Testemunho na Câmara Gesell.

O uso da Câmara Gesell nasceu como forma de evitar que uma criança precise relatar a mesma coisa várias vezes no processo judicial, evitando sua revitimização. Mas o objetivo de relatar apenas uma vez deve ser articulado com outras condições. As crianças precisam ser entrevistadas por psicólogos de crianças com formação a respeito dos efeitos do trauma na psique infantil e de como conduzir uma entrevista específica dessas características, reconhecendo também como a subjetividade infantil se expressa de outras maneiras que não sejam apenas verbais: por meio de jogos, desenhos etc.

O verdadeiro problema é que o destino penal do agressor depende muito do que a criança conta verbalmente, já que a prova levada em conta para comprovar o crime de abuso é o *relato verbal da criança*. E se a criança foi traumatizada muitas vezes ela justamente não consegue construir um relato. *O ego não consegue relatar na primeira pessoa algo traumático vivenciado que ainda não tenha sido processado e integrado*. Portanto, o dispositivo é muito valioso, mas é preciso respeitar as condições de possibilidade da subjetividade infantil. Há crianças e adolescentes que conseguem relatar, mas outros não. Para uma criança pequena, por exemplo, é muito difícil relatar. Em geral surgem fraturas no relato ou expressões não verbais, ou a interrupção abrupta do relato, ou a incapacidade de contar e até o "esquecimento" do que aconteceu, dependendo da fase em relação ao tempo que transcorreu após o trauma, e das defesas psíquicas que o paciente conseguiu organizar.

Do que falamos quando falamos de diagnóstico?

Existem vários diagnósticos simultâneos quando a consulta ocorre a partir da suspeita de abuso sexual. Por um lado, trata-se de diagnosticar se estamos diante de uma criança que sofreu uma situação perturbadora traumática. Nesse caso, veremos qual aparelho psíquico, com que nível de constituição prévia, impactou esse evento que se tornou depois um acontecimento com efeitos traumáticos. Não é do mesmo modo que o trauma afeta o psiquismo de uma menina que já passou pelo complexo de Édipo, tendo constituído a categoria do proibido, e o de uma menina que ainda não o construiu.

Quando fazemos um diagnóstico, estamos tentando compreender:

1) O *sofrimento* da criança ou adolescente, *como se constituiu sua psique, quais são suas defesas predominantes*, se estamos diante de um conflito neurótico ou de um transtorno, *e suas possibilidades de processamento psíquico*. Não é um diagnóstico específico para saber se sofreu ou não abuso sexual no estilo que se faz em uma perícia judicial. Mas é necessário que, caso surjam elementos que deem a impressão de que a menina ou adolescente sofreu um trauma, estes sejam reconhecidos para intervir orientando sua proteção e intervir sobre os efeitos psíquicos do trauma.

2) Que tipo de *constituição familiar* temos, qual a disponibilidade de ao menos um adulto que possa agir para proteger e que mecanismos familiares predominam. Muitas vezes, predominam denegação e impossibilidade de abrigar a dor psíquica e de transformá-la em representações psíquicas, demonstrando tendência à atuação e à compulsão à repetição, subsidiária da pulsão de morte. Às vezes deparamos com famílias com predomínio perverso, em que a situação atual nada mais é que um novo episódio do que vem acontecendo há várias gerações.

3) *Condições ambientais*. Haverá alguém que possa escutar o que está acontecendo? Haverá alguém para acompanhar a revelação do segredo que sustentava a situação de abuso e sua denúncia? Haverá alguém disposto a interromper o vínculo com o agressor, pedindo sua exclusão da casa, quando ele estiver morando com a criança que está sofrendo abuso, para protegê-la? Tudo isso depende

de oscilações que envolvem a subjetividade do adulto que deveria proteger a criança e as características psicopatológicas da família.

4) É fundamental levar em consideração as características do *ambiente social e o papel do Estado* quanto às medidas de proteção que pode oferecer, que acompanhamentos dará à criança e à família. Muitas vezes existem leis, mas não há vontade política do Estado de dispor os recursos para aplicá-las. Por exemplo, subsídios para mães que dependem financeiramente do agressor e não se atrevem a denunciar pois sentem que, com a exclusão do agressor de casa, não serão capazes de sustentar a si e a seus filhos. A posição de um Estado com reconhecimento efetivo de direitos e recursos, nesse caso, tem valor fundamental.

5) *Diagnóstico institucional e reuniões intersetoriais*: ver as instituições que atendem ao caso e sua inter-relação. O abuso sexual não convoca apenas a questão da saúde mental da criança e da família afetada e a instituição judicial. Também será necessário saber que registro pode haver de outras instituições, como a escola, e a avaliação do pediatra, se houver quem acompanha a menina. A intervenção de uma assistente social será necessária para contribuir com seu ponto de vista para o diagnóstico dos níveis de violência na família, e para avaliar o risco de o agressor repetir o mesmo com outras crianças. Se a menina morar em um abrigo, será muito importante incluir os responsáveis pela referida instituição nas reuniões intersetoriais coletivas periódicas. Nenhum setor consegue agir sozinho porque a visão e a tomada de decisões serão tendenciosas, não conseguindo garantir a vigência dos direitos, a saúde, a escolarização e a socialização da menina ou adolescente.

Considero que, *quando a suspeita de abuso for em relação a um dos genitores que mora com a criança, é muito importante o diagnóstico psicológico ser feito em uma instituição, e não no consultório particular de um terapeuta*. Diagnosticar o sofrimento de uma criança por um abuso que precisa ser denunciado aos pais pode tornar-se tarefa que expõe o terapeuta a ameaças, e constitui um obstáculo para poder pensar livremente sobre o diagnóstico e a intervenção posterior. Também é insuficiente. Na instituição, não é uma pessoa, mas a instituição que diagnostica e relata. O trabalho deverá estar preferencialmente a cargo de uma equipe, não de um único profissional, sendo necessária a presença de um advogado na equipe ou à disposição para consultas.

Mas estamos falando dos casos que consultam por suspeita de abuso. Muitos outros casos não chegam à consulta, e trata-se de uma descoberta durante o psicodiagnóstico ou tratamento realizado em instituição ou em consultório por outro motivo.

Elementos diagnósticos no consultório do pediatra de crianças e adolescentes

Dentre os indicadores de provável trauma por abuso sexual, que o pediatra de crianças poderia detectar em sua consulta, podemos destacar:

- Mudanças repentinas de comportamento, como recusa de ir a um lugar onde a criança costumava ir sem problemas ou choro aparentemente sem motivo. Medos que antes não existiam.
- Distúrbios do sono: muita demora para adormecer quando isso não acontecia, pesadelos, estado permanente de alerta.
- Enurese ou encoprese secundárias, que ocorrem quando o controle já estava estabelecido. Comportamentos de autoestimulação do reto, que indicariam algo que a criança sofreu

passivamente e deixou uma excitação que necessita autoacalmar.

- Hiperexcitação sexual, que pode ser expressa, por exemplo, em querer dar beijos de língua, pedir para ser tocado em áreas íntimas ou querer tocar os outros nessas áreas.
- Masturbação intensa, que começa abruptamente.
- Comportamentos hipersexualizados e/ou uso de termos sexuais que não correspondem à linguagem da sexualidade infantil, vinculados a práticas que só ocorrem na sexualidade genital adulta.
- Curiosidade muito exacerbada por temas sexuais.

Observamos uma série de comportamentos que se repetem em adolescentes que sofreram traumas sexuais e que não relatam na consulta:

- Pedem para ser atendidos por uma médica.
- Não se deixam tocar no exame médico.
- Não querem se despir.
- Não concordam de forma alguma em mostrar sua genitália durante o exame clínico.
- De repente, começam a chorar durante a consulta.
- Não conseguem falar.
- Dizem na consulta com a pediatra que nunca mais terão relações sexuais (rejeição da sexualidade genital).

O indício como forma de identificação do traumático

Como nós, terapeutas, podemos reconhecer que essa criança ou adolescente viveu uma experiência traumática se ela não está disponível na memória da criança? Em outras palavras, esse material muitas vezes não é recordável nem pode chegar à transformação simbólica, de tal forma que surja na brincadeira, no desenho ou no relato.

Silvia Bleichmar (2010b) desenvolve toda essa problemática. Ela argumenta que as representações produtoras de sofrimento psíquico não são todas provenientes dos conteúdos recalcados, o que permitiria sua recuperação por meio da associação livre do paciente e da interpretação do analista.

Ela faz alusão a outras formas de entrada no psiquismo e de inscrição baseando-se na Carta 52 de Freud. Refere-se aos modos de inscrição não passíveis de transcrição e que Freud chamou de "signos de percepção". Esses sinais não são necessariamente antigos, mas podem ocorrer ao longo da vida como materialidade da psique, produzidos por experiências traumáticas que não podem ser metabolizadas. Esses sinais de percepção não são ordenados sob a legalidade do inconsciente nem do pré-consciente. Podem manifestar-se, sem por isso serem conscientes, e se desprendem da própria experiência traumática, sem poder se transformar e articular. Assim são as *reminiscências*: modos de representação que não estão fixados no inconsciente, não estão recalcados, não estão fixados na memória, mas o sujeito está fixado a eles. São a marca de que os restos do traumático ainda estão investidos e operando na psique do sujeito.

São modos de compulsão à repetição e impossibilitam as associações na análise.

O indício

Segundo Peirce (citado em Eco & Sabeok, 1989), o indício seria um método de leitura da realidade, que permitiria o acesso a esses sinais de percepção. Ao contrário do símbolo, respeitando a classificação de Peirce, o indício se caracteriza por não haver regra de interpretação. Não existem três elementos: um atual, um outro ao qual remete e um terceiro que permite a sua interpretação.

O indício está em contiguidade com o objeto, é metonímico. Não representa o objeto, mas dá conta de sua presença. Não é interpretável. O método de aproximação é termo a termo, hipótese que implica a maior racionalidade possível. Por exemplo, se houver a pegada de um homem no chão, isso indica que uma pessoa passou por ali.

O sentido da terapia analítica é conseguir o esquecimento, a partir do vínculo, o que permitiria que só então esses sinais de percepção oriundos da experiência traumática fossem desinvestidos.

O indiciário é a forma como se vincula durante a análise o que entra no psiquismo do paciente por acaso (a partir do trauma), ou seja, o que entra na estrutura psíquica anterior desse sujeito. Isso nos permite efetuar um diagnóstico acerca de como está funcionando o psiquismo depois do traumatismo e articular o que ficou desarticulado, aparecendo como compulsão depois do vendaval traumático.

Em "As pulsões e seus destinos", de 1915, Freud (1975) aponta a diferença entre *estímulo*, como aquilo que, vindo de fora, permite a fuga (diante do qual é possível fechar os olhos como se não tivesse acontecido), e a *excitação*, que é algo que vem de dentro e do qual é impossível escapar. Essa excitação teria sido trazida por uma *vivência* que introduz o excesso no aparelho psíquico. Por isso, o trauma depende de relações complexas entre o impacto e a onda de excitação desencadeada.

A tarefa do analista com o traumático

É possível reconhecer a relação entre os elementos permanentes da organização do psiquismo e aqueles que o trauma desarticula e arruma de outro modo, ou que permanecem sem qualquer tipo de montagem? Está articulado ou não conseguiu se articular? Como se articulou?

Para compreender isso, comecemos examinando o que Omar Calabrese, o semiólogo de Bolonha, trabalha: a relação parte-todo. *Detalhe* remete a um todo (por exemplo, o desenho dos músculos que remetem à identidade masculina, ou cílios à identidade feminina).

O *fragmento* não remete a um todo. Existem partes, neste caso *fragmentos*, que nunca remetem ao todo nem simbolizam o todo. São apenas isso. Fragmentos, sem ser possível saber a que ordem de totalidade respondem. O todo está ausente, o fragmento ficou isolado do seu todo de pertencimento. Poderíamos dizer que o fragmento seria a única coisa que teria sido inscrita como materialidade psíquica.

O conceito de signo de percepção é de Freud, e o de indício é de Peirce. O que Calabrese trabalha está próximo ao que Freud trabalha como *signo de percepção*. O signo de percepção é um fragmento de um objeto real. Não se sabe de onde vem.

No traumático, o indício é justamente o que não aparece no psiquismo afetado. O que aparece é o signo de percepção: pedaços do visto e ouvido em uma situação traumática. *O analista deve transformar o signo de percepção em indício.* Esse signo de percepção se converte em *indício* quando consegue se articular em uma cadeia de significados. *É isso que o analista faz: sente-se convocado a encontrar um sentido.* Isso é muito importante nos traumatismos, pois é a maneira de relacionar esse elemento a um acontecimento produzido historicamente, ou seja, algo que aconteceu em um tempo anterior e hoje precisamos reconstruir. O analista, ao reconstruir, faz um trabalho semelhante ao realizado por Sherlock Holmes. Busca ver se no meio de um desenho, relato ou brincadeira, que são atividades simbólicas, encontra restos de algo da situação traumática que impactou e permaneceu não digerido, não metabolizado, aparecendo intacto na situação atual.

O., de 3 anos e meio, não queria ir para a casa do pai. Os pais se separaram após vários comportamentos violentos do pai em relação à mãe: batia nela enquanto O. estava em seus braços desde que era bebê. Há algumas semanas, o pai começou a levá-la para casa, para tirar uma soneca com ele. De repente, O. começou a chorar e a dizer que não queria mais ir para a casa do pai. Ele a levava mesmo assim. Se a mãe dissesse que a menina não queria ir, ele vinha buscá-la e a levava à força. O. deixou de controlar o xixi, embora controlasse desde os 2 anos de idade, tinha pesadelos e tocava os órgãos genitais todo o tempo.

A mãe relata dois comportamentos que impactam quem os observa:

1) A avó viu, e relatou à mãe surpresa, que quando O. brincava com uma boneca-bebê, interrompeu repentinamente a brincadeira e começou a chupar a região genital da boneca.

2) O. pediu à mãe após o banho para cheirar seus órgãos genitais para ver se estavam limpos. A mãe disse que não, isso não se fazia. Ela exigia da mãe muito angustiada: "Por favor, mamãe, faça".

O retorno da incontinência urinária, os pesadelos e a masturbação compulsiva são elementos muito comuns em uma menina sexualmente superexcitada. No entanto, não constituem elementos indiciários.

O fato de a menina estar brincando com a boneca, interromper a brincadeira para chupar os órgãos genitais da boneca e depois continuar constitui um elemento recortado de outra cena. É uma conduta genital que jamais surgiria se um adulto não tivesse provocado uma intromissão sexual, pois não pertence ao repertório da sexualidade infantil, é um elemento indiciário para quem o observa.

O pedido de O. para a mãe cheirar seus órgãos genitais constitui uma pista direta da presença sexual de um adulto. Trata-se de um elemento olfativo. Repetição compulsiva buscando uma descarga imediata e talvez algum modo de processamento. O pedido desesperado para a mãe fazer isso é o que tornava crível.

Trata-se de comportamentos que dão sinais a um observador, não ao sujeito que os produz. Tanto o olfato quanto a sucção estão ligados a aspectos sensoriais muito ativados em situações de abuso sexual.

A subjetividade do analista é muito importante no caso, pois ele conseguirá que funcione para ele como sinal um elemento que não funciona como sinal para o sujeito traumatizado.

Silvia Bleichmar afirma que não é qualquer elemento que será um indício. O indício é um elemento que se une de modo a permitir que o analista crie um enigma e depois uma hipótese que permita responder a esse enigma. Os signos de percepção inscrevem-se em momentos em que ainda não há ego, ou em que o ego não está em condições de captá-los. Quando, em virtude de um trauma grave, o ego não consegue registrar esses signos de percepção, de todo modo eles entram na psique e não podem ser conscientes nem recalcados, pois o ego está arrasado.

Freud (1975), em "Dinâmica da transferência", de 1912, propõe que uma série psíquica é uma estrutura psíquica em que pode entrar algo do real atual. Depois que isso se insere em uma série psíquica, ou seja, depois de se inserir na história do sujeito, poderá se desencadear uma neurose. O psiquismo aí, num segundo estágio, espontaneamente, tenta enquadrar, simbolizar o que aconteceu usando o que pode e tem em mãos.

Até esse momento *não há possibilidades de memória no sujeito traumatizado*, visto que não há ego que tenha sido capaz de lembrar, mas fragmentos que se presentificam ao sujeito, ou ao que sobrou dele após o trauma.

Como reconhecer o indiciário na clínica

Nosso trabalho consistirá em reconhecer se estamos ou não diante de indícios de que essa criança ou adolescente vivenciou um trauma. A presença simultânea de elementos simbólicos e de elementos não metabolizados, mas intactos, permite afirmar que essa criança vivenciou um trauma.

Em minha opinião, esse é um modo de mostrar a marca que ficou na psique, à maneira de uma descoberta física após um episódio de estupro. Isso constitui um elemento diagnóstico muito próximo da certeza.

Quando um acontecimento vivido é traumático, a primeira coisa que se altera é a forma de fazer relações na psique. A *atividade simbólica*, que produz relações que permitem encontrar sentidos para tudo o que a criança vivencia, *permanece fraturada*. Não que a criança tenha abandonado sua atividade simbólica, mas há áreas em que a simbolização não funciona.

Não estamos diante de uma criança que está fantasiando, mas que está presa em uma cena traumática vivida, como vimos no caso de O.

Nosso trabalho consistirá em poder discriminar se nos desenhos, brincadeiras ou relatos encontramos elementos simbólicos ou a presença de um signo de percepção. O analista precisa detectá-lo a partir do momento que isso representa um sinal para ele, ou seja, que causa impacto como algo disruptivo no contexto em que aparece.

O analista trabalha com toda a sua subjetividade e atento à sua contratransferência. A partir disso, registra a irrupção de algo que é de outra ordem. Ele se defronta com os vestígios deixados na criança por uma experiência pela qual nunca teria passado caso não tivesse havido a interferência da sexualidade de um adulto.

Como discriminar entre uma experiência traumática e a repetição do discurso de um adulto

Uma das questões mais importantes na clínica é poder reconhecer a diferença entre uma criança que nos transmite algo que viveu e uma criança que conta algo que ouviu no discurso de um adulto.

A transmissão de uma criança é confiável por:

- Presença de angústia no relato, que muitas vezes inclui choro.
- Rupturas em momentos-chave em que é difícil nomear o que lhe aconteceu.
- Relato de detalhes da situação de abuso que não poderiam ser contados se não tivessem sido vivenciados. Entre esses detalhes, os que se referem aos sentidos têm um valor particular: cheiros, sabores etc. No caso de C., relatado anteriormente, a descrição de como o tio a virou de costas, cobriu o seu rosto com os cabelos dela para que ela não visse e apertava sua mão para ela não gritar se doesse são detalhes

de sensações corporais impossíveis de relatar se não tivessem sido vivenciadas.

- *O corpo estar sempre envolvido de alguma forma.* A criança que autoestimula a área repete o que o adulto fez originalmente ou tenta evacuar o excesso de excitação recebido etc.

Intervenções do analista frente ao indiciário

Voltando ao trabalho específico do analista em relação aos fragmentos que, após o trauma, se apresentam ao sujeito sem que se trate de memória, mas de compulsões e pesadelos, o trabalho do analista consistirá em construir, criar, produzir um novo tecido psíquico onde ficou arrasado. De que maneira?

Silvia Bleichmar (2001), a partir da sua experiência com traumas, argumentava que o analista pode sentir-se convocado pelos indícios (Guinzburg, 1999) que o sujeito oferece, pedaços de uma cena que não pode ser recomposta, fragmentos do que foi visto e ouvido na situação traumática, para dar-lhes um modo particular de conjunto, que o paciente sozinho não consegue fazer. A partir disso, *o analista realizará uma construção como hipótese transitória* (Freud, 1975/1937, "Construções em análise") que se corroborará ou não ao longo do processo.

Poderíamos dizer que ela destaca algo semelhante ao trabalho de um arqueólogo que encontra pedaços de vasos ou de artefatos de cozinha de uma civilização milenar e, a partir dessas peças, pode realizar uma construção aproximada de como vivia essa civilização, qual era a origem dessas peças quebradas.

Diante da irrupção desses fragmentos não metabólicos, após um trauma, a intervenção do analista *não será interpretativa*, ajudando a encontrar um significado inconsciente, porque eles não têm.

Em que momento o ego da menina traumatizada estará em condições de articular o traumático em alguma série psíquica por meio da palavra? Que caminhos intermediários o analista de crianças poderá utilizar? Será sempre possível conseguir conversar com a criança sobre os acontecimentos, ou seja, fazer uma construção transitória? Que indicadores devemos levar em conta sobre o fato de não haver condições para que o ego dessa criança ainda tolere essa construção e seja capaz de abordá-la? O que acontece quando o trauma ocorreu na infância e a menina passa pela puberdade dando significado novo ao que aconteceu?

Essas e muitas outras questões relativas às intervenções do analista serão abordadas no Capítulo 5.

Síndrome de alienação parental: um pseudodiagnóstico

Nos últimos anos, estamos testemunhando a ascensão da síndrome de alienação parental (SAP) na ideologia de muitos tribunais em nosso país e de profissionais de saúde, juízes, defensores de crianças, psicólogos e assistentes sociais. Essa nomenclatura foi criada por Richard Gardner, médico clínico estadunidense agressor sexual, para provocar um fenômeno adverso aos avanços conseguidos na detecção de maus tratos e abusos sexuais a crianças e adolescentes.

Em 1985, Richard Gardner, como perito jurídico e no âmbito de um processo de divórcio, nomeou pela primeira vez uma série de comportamentos que os filhos desse casamento apresentariam, a que chamou de "Síndrome de Alienação Parental". Em 1987, publicou por meio de seu próprio editorial, Creative Therapeutics, *The parental alienation syndrome and the differentiation between fabricated and genuine child sex abuse* (em tradução livre, Síndrome de alienação parental e a diferença entre abuso sexual infantil fabricado e genuíno), argumentando que quase sempre a denunciante é a mãe, e quem é denunciado/acusado é o pai. Segundo Gardner, é uma "lavagem cerebral" a que um dos pais, geralmente a mãe, sujeita o filho ou filha contra o outro genitor, geralmente o pai, conseguindo assim "alienar", afastar esse genitor até fazê-lo "desaparecer", e, em alguns casos, fazendo a criança inventar que o pai cometeu abuso sexual contra ela (Raices Monteiro, 2012).

Essa falsa síndrome ignora as normas constitucionais da Convenção dos Direitos da Criança.

O argumento dos que apoiam a SAP em geral é que as crianças não sofreram abusos, mas repetem as falas de um dos genitores, geralmente a mãe. Para quem apoia a SAP, as crianças mentem, suas manifestações não devem ser respeitadas e, portanto, as situações denunciadas de abuso e de maus tratos devem ser minimizadas.

Não pretendemos descartar alguns casos em que isso realmente ocorre e que um terapeuta experiente consegue diagnosticar, mas nós que trabalhamos nessa área sabemos que esses casos são a minoria. Neste livro, o Capítulo 4 inclui um caso de denúncia de um abuso falso e como foi possível detectá-lo.

A psicóloga Liliana Pauluzzi,[2] denunciando o que afirmam os que usam essa síndrome como bandeira, nos relata as palavras dos próprios defensores da SAP:

- "Mães que sofreram abuso sexual na infância podem ter raiva residual em relação ao pai abusivo ou a outro agressor sexual, e isso pode estar interferindo em seu relacionamento com seu marido."

---

2 Liliana Pauluzzi pertence à Casa da Mulher de Rosário e é autora de uma apresentação que realizou em 2008 sobre a SAP.

- "As crianças mais velhas podem ser ajudadas a perceber que os encontros sexuais entre um adulto e uma criança não são considerados universalmente um ato repreensível."
- "A criança que sofreu abuso sexual geralmente é considerada vítima, apesar de a criança poder iniciar encontros sexuais 'seduzindo' o adulto."

A chamada SAP não foi reconhecida por nenhuma associação profissional ou científica e foi rejeitada pelas principais instituições da área da saúde, incluindo a Organização Mundial da Saúde (OMS). Essas instituições, nas quais prevalecem os objetivos clínicos e de pesquisa, fundamentam a inclusão de uma nova entidade diagnóstica na existência de sólidas bases empíricas, sendo que a SAP não atende a nenhum dos critérios necessários. No entanto, essa "falsa síndrome" está sendo usada como critério válido em vários tribunais em casos de divórcios conflituosos, muitos deles com componentes de violência de gênero.

Tudo isso no campo do diagnóstico, da denúncia judicial, da intervenção da Justiça nos regimes de visita e de revinculação e do tratamento social, médico e psicológico de crianças vítimas de abusos sexuais na infância.

O abuso sexual como analisador da sociedade patriarcal[3]

O abuso sexual de crianças é uma das principais áreas em que o poder patriarcal é visível, tornando-se um analisador da sociedade patriarcal.

---

3 Lapassade (1979). O conceito de analisador vem dos institucionalistas franceses. Nesse caso, quero dizer que o abuso sexual revela, por si só, o poder do pai no patriarcado, pois ele se sente o dono dos corpos.

Embora o patriarcado tenha perdido sua hegemonia como forma de organização familiar exclusiva, suas raízes ainda hoje estão vigentes nos valores adotados pelas instituições e seus atores, e são muito eficazes quando se trata da ideologia que alimenta as práticas de assistentes sociais, juízes, advogados de menores, psicólogos forenses e alguns terapeutas que trabalham com vítimas e perpetradores de várias situações de abuso.

Se os mais fracos na cadeia de poder, que geralmente são a mãe, a criança e os profissionais que as tratam, denunciam essa estrutura de dominação e submissão, o poder patriarcal, por meio de alguns juízes de família e defensores da criança, estabelece uma estratégia para *desmenti-la*: a mãe e a criança precisarão provar que não mentem e que o que denunciam não é falso. O psicólogo ou psicóloga precisará provar que o abuso existiu, partindo-se da suposição de que é falso.

Esse *mecanismo de negação* é a mola que permite sustentar algo que, de outra forma, não poderia ser explicado. Há todas as evidências, ou há a possibilidade de escutar, por exemplo, a terapeuta da criança, que é a pessoa que conhece muito o que acontece, e não se utiliza esse recurso. Essa negação por parte de muitos juízes é o articulador que sustenta intocado o poder patriarcal. Duvida-se dos mais fracos, não do homem, principalmente se ele for branco e de classe média ou alta, e se tiver algo que agrega poder: dinheiro, formação, pertencimento às forças de segurança. Ou seja, o que esses tribunais fazem não implica corrupção de recebimento de dinheiro. Trata-se de outra coisa: a convicção de que o homem com certos recursos é indiscutível em sua razão e em sua posição de poder. Todo o problema da chamada revinculação de crianças ou adolescentes que sofreram abusos por parte dos pais, que cometeram incesto, é gravemente afetado por essas questões.

A chamada "revinculação"

A revinculação refere-se à retomada do vínculo após ter sido interrompido por suspeita de abuso sexual por parte do pai, mãe, avô ou avó.

Esse é um nó de disputas muito importante entre os que ocupam cargos diversos, o que mostra qual é a ideia de família e qual é a ideia de intervenção estatal para a proteção dos direitos da criança e do adolescente.

Sandra Baita e Patricia Visir (em Volnovich, 2006, Cap. 5) recomendam falar em novas vinculações, pois "revincular" significaria voltar a um vínculo semelhante ao anterior, nas condições particulares em que se estabeleceu a dinâmica abusiva.

Muitas vezes o sistema repete o caráter abusivo do ambiente familiar, desconfiando do pai ou da mãe reclamante, condenando-o como agressor (muitas vezes ele se sente não escutado e ignorado pelo sistema judiciário), favorecendo no lugar de vítima a quem realizou o abuso sexual. A partir disso, ocorrem os processos de revinculação, a partir de uma premissa única, conforme descrito por Baita e Visir, que é a negação do abuso sexual, o que deixa os caminhos abertos para a revitimização.

Também alertam para levar em conta que nossa subjetividade como profissionais é posta em jogo para podermos aceitar que existem pais capazes de realizar ações de conteúdo muito nocivo a seus filhos. Isso é muito importante. A dificuldade de aceitar que possa existir abuso por parte dos pais é visível quando aparece na mídia um caso grave de um agressor, e muitas pessoas se voltam para defendê-lo com base numa crença: ser um bom vizinho ou ter uma cara de bom assegura que ele não pode ser um abusador. Está em jogo a dificuldade de aceitar que quem deve proteger está em situação de poder sobre alguém fraco (que precisa de proteção) e, portanto, pode usar esse poder para subjugá-lo e prejudicá-lo, acreditando-se impune.

Baita e Visir alertam sobre os riscos da chamada revinculação para a criança ou o adolescente traumatizado:

- Que reapareçam os sintomas iniciais que, graças ao afastamento da figura do agressor, tinham desaparecido ou diminuído.
- A retratação, que consiste no retrocesso da criança à posição de que o abuso nunca ocorreu, como modo de se ajustar ao que os adultos esperam dela, como forma de sobreadaptação.
- O aumento da desconfiança em relação aos adultos.
- O aumento dos mecanismos dissociativos que distanciam cada vez mais a criança da possibilidade de processar o trauma vivido.
- A intensificação de dificuldades cognitivas na criança, uma vez que existem questões que não é preciso saber nem conhecer porque são proibidas.

Alicia Ganduglia (em Volnovich, 2002, Cap. 5) afirma que "a ideia de que a primeira coisa que precisa ser protegida é o vínculo familiar biológico está adquirindo a marca do politicamente correto e, a meu ver, dificultando a aplicação de estratégias protetoras adequadas".

Os verdadeiros agentes de saúde mental de uma comunidade, que são professores, professores de esportes e de atividades artísticas, pediatras etc., verão sua própria subjetividade comprometida ao escutar um relato, ou ao deparar com uma criança ou adolescente traumatizado. A coragem de escutar a criança e acreditar nela é central. Mas devemos estar alertas aos possíveis mecanismos para se evitar enfrentar uma realidade chocante e dolorosa também para quem recebe o relato. É nossa responsabilidade reconhecer o impacto que podem ter sobre nós para não desviar o olhar.

Por que, muitas vezes, a criança não pode contar o abuso durante muito tempo? Muitas vezes, são necessários, e estruturantes, mecanismos denegatórios nas crianças, na medida em que não toleram a dor, a não ser por breves momentos. O problema surge quando os mecanismos de denegação estão no ambiente familiar, escolar e social.

Nós, que recebemos na clínica crianças que sofreram situações de abuso sexual por parte das pessoas que deveriam lhes ter cuidado e protegido, quase sempre encontramos crianças que nos dizem que já não têm pai, que não querem nunca mais ver aquele homem novamente, aliás, que gostariam de mudar de sobrenome para não ser mais da família desse homem que arruinou sua infância, e muitas outras variáveis semelhantes.

Isso leva-nos a considerar que a família não é de ordem natural, e que existe uma família a partir da presença de pelo menos um adulto que exerce as funções de cuidado, a proteção amorosa e os limites e legalidades de que uma criança precisa para ultrapassar a posição de dependência até sua paulatina independência.

Um pai que invadiu uma criança com uma genitalidade que ela jamais está em condições de metabolizar e processar, e que violou as normas legais da sociedade e as da cultura de proibição do incesto, perdeu seu lugar simbólico de pai.

A partir disso, falar da "necessidade de revincular" essa criança com quem foi seu pai é falar da necessidade do adulto, não da necessidade do filho. É uma perspectiva dessubjetivante para a criança ou o adolescente.

O que está em jogo é o olhar da criança como objeto ou sujeito. Se a criança é pensada como um sujeito que foi prejudicado e tem o direito de ser protegido, é muito importante escutar e reconhecer seu desejo de não voltar a ver essa pessoa que a prejudicou. Nesse sentido, muito se avançou desde que, com a Convenção dos Direitos da Criança, se propôs que o Estado deve intervir para proteger e garantir os direitos. A criança não é um objeto pessoal e privado do pai ou da mãe, mas um sujeito com direitos próprios, que devem ser garantidos pelo Estado.

Os profissionais (psicólogos, advogados, assistentes sociais etc.) que tentam fazer a Justiça escutar e levar em consideração o pedido de crianças que sofreram situações de incesto somos considerados um obstáculo, por isso, os abusadores muitas vezes procuram nos afastar, nos intimidar, para não participarmos mais dessa tarefa.

Quando a via judicial se encerra para as pessoas que buscam impunidade e não reconhecem seu crime e elas são afastadas do contato com a criança que violaram, começam a perseguição pessoal aos profissionais atuantes por diversos meios de forjar denúncias.

Mas muitas vezes é a própria Justiça que, ao não levar em conta outros olhares, como o do psicólogo clínico que leva adiante o tratamento da criança, abre um canal para a impunidade do agressor. Isso tende a se intensificar quando se encerra o processo criminal contra o agressor.

Todas essas situações, muito difíceis para os profissionais que atuam nesse campo, desdobram-se em torno de muitos casos em que os abusadores gozam de elevado poder econômico e político. Por isso, é urgente a aprovação de uma lei que proteja os profissionais envolvidos em casos de abuso sexual de crianças e adolescentes e outras formas de violência de gênero.

Quando a justiça não reconhece as formas como se expressa a subjetividade das crianças

Muitas vezes, uma criança que passou por uma situação traumática desenvolve defesas em virtude das quais não consegue se lembrar do que o adulto intrusivo fez com ela. Consegue lembrar-se da dor que isso lhe causou (o afeto), mas as representações foram dissociadas da dor. O vínculo se rompeu como resultado do trauma.

Muitas entrevistas com crianças na Câmara Gesell, que acontecem principalmente em tribunais criminais, são conduzidas por psicólogos profissionais que atendem a adultos e desconhecem a subjetividade das crianças traumatizadas. As crianças pequenas muitas vezes não conseguem falar do que vivenciaram na situação traumática, na frente de alguém desconhecido que lhes pergunta a respeito de como foram vítimas de quem deveria protegê-las. Seria quase impossível para elas relatá-lo em palavras.

O resultado é considerar a falta de provas na esfera penal. Se a criança não disser o que o pai agressor fez com ela, não há evidências e o adulto autor do crime frequentemente é dispensado. Isso tem influência posterior na vara de família, em que muitas vezes, quando se trata de varas com ideologia patriarcal, não se escutam nem se levam em consideração os relatos de profissionais que detectam em brincadeiras, desenhos e relatos que a criança sofreu abuso.

Olga Salanueva e Daniela Zaikoski Biscay[4] afirmam:

---

4 "Violencia sexual y discurso jurídico. Análisis de sentencias penales en casos de delitos contra la integridad sexual" trata-se de uma pesquisa quantitativa e qualitativa realizada a respeito de 300 sentenças em que se analisa o discurso jurídico em sentenças proferidas entre 1995 e 2007 pelas Câmaras Criminais de General Pico e Santa Rosa, La Pampa, Argentina.

> *Por meio dessa pesquisa pudemos corroborar mais do que suficientemente a hipótese que norteou este trabalho: que os operadores jurídicos transferem e aplicam sua perspectiva de classe e gênero com base em determinada moralidade sexual no tratamento de atos criminosos em que devem intervir e que se manifesta na avaliação do fato, na seleção das provas e na fixação e graduação da sentença, ou seja, têm grave dificuldade de se desviar de seus atributos sociais. (em Santoro, 2016)*

Acrescentam também que o nível de imperceptibilidade do dano e, em particular, do dano psicológico causado pelo abuso é tal que, se não forem verificados "cientificamente" por médicos legistas ou forenses, não os consideram crime.

No Capítulo 3, relato uma entrevista para a qual fui convocada por um juiz de família e um advogado de menores no caso de uma menina de 4 anos com elevada suspeita de abuso sexual por parte do pai, que mostra como são corroboradas as conclusões da referida investigação.

3. Quando as instituições revitimizam: S., uma menina de 4 anos

Relatarei as entrevistas diagnósticas de uma menina de 4 anos, cuja situação me causou um dos maiores choques como analista de crianças. Concentro-me em como surgem os efeitos do traumático, no encontro dos indícios no material clínico e no seu reconhecimento.

Trata-se de um caso paradigmático de revitimização por parte das instituições que trabalham com a ideologia da síndrome da alienação parental (SAP) e as posições de gênero que essa ideologia sustenta. Vale a pena esclarecer que esse mesmo olhar reproduz-se muitas vezes em juízas e advogadas, impregnadas dos mesmos preconceitos que seus pares masculinos.

Haverá, então, diálogos com alguns desses atores do setor jurídico, pois, na prática, quem intervém nesses problemas precisa estar em condições de pensar e fazer interdisciplinarmente (com pediatras, assistentes sociais, ginecologista etc.) e intersetorialmente (com a instituição escolar, a Justiça, outras instituições de saúde etc.).

Recebi a consulta da mãe de S. Os pais estavam separados havia um ano sem se divorciar. A menina morava com a mãe e uma irmã mais velha, de um casamento anterior, e visitava o pai, que morava sozinho em seu apartamento, a cada dois fins de semana. Havia uma empregada doméstica que passava algumas horas na casa do pai.

Entrevistas diagnósticas

Motivo da consulta

O motivo da consulta foi que S., de repente, não quis mais ver o pai e chorou pedindo à mãe para não ir à casa dele. As visitas anteriores à consulta ocorreram na presença da mãe, em seu domicílio.

A mãe, a princípio, insistiu, pedindo-lhe que fosse, até perceber que estava acontecendo algo que ela não conseguia especificar para S. recusar-se e parou de insistir.

S. não conseguia adormecer à noite, sendo que antes descansava muito bem. Tinha pesadelos e dizia à mãe que não conseguia dormir porque alguns animais perigosos queriam roubá-la e levá-la para uma caverna escura. Chorava com muita angústia e se a mãe fosse ao banheiro por um instante, ela perguntava: "Mamãe, se um dia eu não estiver em casa e a chamar para vir me buscar, você vem? Você vai atender ao meu telefonema?".

Pedia à irmã, de 12 anos: "Você pode ficar um pouquinho na cama comigo antes de dormir?". Quando se encontravam com uma amiga da mãe, ou com o pai de sua irmã mais velha, e chegava a hora de se despedir, S. agarrava-se a eles chorando e pedindo que não fossem embora e, logo que se separava, tentava ligar para eles, como se precisasse confirmar que atenderiam a suas ligações.

Quando sua mãe perguntou por que ela não queria ir com seu pai, ela respondeu: "Porque tenho medo dele, ele me faz coisas feias". Com palpitações e tremores, ela disse: "Mamãe, por favor, fique ao meu lado".

A primeira questão que se coloca é poder diferenciar se é um motivo de consulta que implica genuinamente o sofrimento de uma criança, ou se é algo que a criança repete a partir da fala do adulto, encontrando-se em situação de alienação de pensamento, o que às vezes pode acontecer quando um adulto trata a criança como um objeto para atingir seu objetivo próprio em relação a outro adulto. O dado principal indicando que se trata de um sofrimento autêntico é *como o sofrimento impregna o corpo* de S. Ela treme, tem palpitações, chora com muita angústia e tem pesadelos.

Quando deparamos com uma suspeita de violência, os indicadores aparecem não só no relato da mãe, mas também nos sintomas da menina e na transferência,[1] no consultório. Isso implica que o terapeuta vê e escuta a angústia da menina. Às vezes, também surge no relato. Mas, na maioria das vezes, é preciso reconhecê-la a partir de outros indicadores.

Como surge em geral? Por exemplo, interrompendo uma brincadeira ao abordar algo muito angustiante, que com certeza apresenta o que foi traumático. Em geral, esse é um modo habitual.

A mudança abrupta de comportamento, como neste caso o fato de não querer ir à casa do pai nem o ver, nos leva a pensar que a menina vivenciou algo perturbador. Por outro lado, a ansiedade da

---

1 A psicanálise a considera um processo por meio do qual os desejos inconscientes de um sujeito se atualizam na relação com o analista e, dessa forma, permitem que o analista e o paciente os conheçam.

menina quanto a ter ou não acesso à comunicação telefônica com a mãe e com o pai da irmã nos faz pensar que parte do trauma se relacionava a alguma experiência em que ela se sentiu ameaçada de não poder fazer contato com eles para pedir sua ajuda, em um momento de sofrimento. Algo que nos aproximaria ao fato de S. ter passado por uma vivência de desamparo.

A mãe estava muito angustiada no momento da consulta. Era curioso que continuasse encorajando o pai para ver sua filha. Sugeri-lhe que não insistisse e esperasse o resultado da avaliação que eu faria para compreender o que se passava com S.

Pude perceber, nessa entrevista, que a mãe tinha muito medo do pai, como se ela tivesse sido submetida a situações de violência.

Quando a mãe anunciou ao pai que tinha feito uma consulta para S., ele teria reagido com violência, opondo-se e pressionando-a a levar a menina a uma consulta com uma psicóloga que ele procuraria.

Nota-se aqui que a mãe não impedia o vínculo do pai com a filha. Mas é impressionante que, tendo medo do pai por causa de sua exaltação e estando a menina tão angustiada, ela tivesse insistido que a criança visse o pai. Parecia ter a ver com o medo que a mãe tinha de contrariar o pai, expondo S., sem poder se proteger nem proteger a menina.

Vê-se que a mãe, até aquele momento, tinha vivido como natural a prepotência do pai contra ela e contra S.

Na maioria dos casos de abuso sexual de criança ou provável incesto, mantê-lo em segredo é a garantia de que não será descoberto. O agressor costuma fazer ameaças dizendo à menina que ela perderá um afeto essencial para sua existência se contar a respeito, como não poder voltar a ver sua mãe. Isso já nos dá o padrão dos elevados níveis de crueldade colocados em jogo, e o *status* de objeto, não de sujeito, que nesses casos a menina tem para o pai.

A ideia de o pai procurar uma psicóloga nos daria a diretriz de que ele estaria se defendendo de algo.

Foi realizada uma avaliação psicodiagnóstica que incluiu: entrevistas com a mãe, entrevista com o pai, entrevista com a tia materna, várias sessões lúdicas com S., pedido de boletim escolar correspondente à classe de 3 e 4 anos do ensino infantil. Nos relatórios escolares ela foi descrita como uma menina muito participativa, com muito boa capacidade de se relacionar com crianças e adultos, com boas habilidades intelectuais e lúdicas. Nos últimos tempos, percebeu-se que ela estava bastante dispersa.

Primeira entrevista com a mãe

A mãe compareceu à consulta muito angustiada com o que acontecia com a filha, chegando pontualmente, manifestando seu desejo de proteger S.

Relatou que no momento da separação consultaram um psicólogo de crianças que sugeriu a organização das duas casas para ajudar S. a dormir em sua cama em ambas as casas. O pai de S. já tomava banho com a menina durante a convivência, embora a mãe tivesse pedido para ele não fazer isso. O psicólogo havia recomendado que interrompessem essa prática, mas o pai, depois, em casa, lhe dissera: "Pouco me importa o que os psicólogos dizem."

A mãe relatou ter sofrido abuso de um amigo de seus pais na infância.

Começa a chamar a atenção a aparição do pai, no relato da mãe, como alguém que não aceitaria o saber de um profissional, nem toleraria a inclusão de um terceiro que pudesse colocar um limite ao poder que ele teria na relação com sua filha. O fato de ele precisar se abster de desfrutar do corpo de sua filha parecia não ser aceito.

Nesse sentido, estaríamos diante de um pai que não está disposto a aceitar outra lei que não seja a imposta por ele.

No que se refere ao abuso sofrido pela mãe, muitas vezes, o fato de a mãe ter vivenciado uma situação de abuso na infância a coloca em posição de vulnerabilidade nos tribunais. Um sistema que costuma estar repleto de preconceitos machistas desqualifica rapidamente sua denúncia. A mãe estaria enxergando abuso sexual onde não há, pelo avanço de suas representações que não lhe permitem discriminar-se de sua filha? Essa desconfiança é um dos obstáculos mais frequentes. Desconfia-se muitas vezes da mulher-mãe, tomando isso como argumento para mostrar que a denúncia da filha é falsa. Cada caso é particular e é necessário ver como funcionavam os mecanismos defensivos em seu psiquismo.

*A mãe relatou: "S. me disse que o pai bateu na sua 'pocha' com um saca-rolhas. Eu lhe disse: 'Como ele vai te bater com um saca-rolhas?', e S. me disse: 'Ele me bate na "*pocha*" e diz palavras estranhas no meu ouvido, e fala comigo de uma forma estranha. Ele também me disse para não contar porque ninguém vai acreditar em mim e porque você não vai mais me amar.*

Disse tudo isso chorando. Eu lhe perguntei: 'Enquanto o pai bate em você, há mais alguém?'. S. me disse: 'Não há mais ninguém, A. (a empregada) não está'".

A denegação da mãe provavelmente funciona aí. Em seu relato, surge claramente que S. contou a ela o que poderia ser um episódio de abuso paterno seguido de ameaças. A imagem do saca-rolhas explicaria o contato muito provável da menina com o pênis ereto do pai.

Porém, esse relato da mãe, mesmo que nos bastasse para uma suspeita muito elevada da existência de abuso, não seria suficiente para o provarmos em um relatório ou em um julgamento. O que demonstraria que isso aconteceu com a menina e não é produto de um relato criado pela mãe e escutado pela menina?

É necessário encontrarmos indicadores de uma vivência traumática na menina, ou seja, *de como seu corpo estaria impregnado por isso*. Quais seriam esses indicadores? A intensa angústia, as palpitações, os tremores, o choro intenso, o terror de ver o pai. Não poderia ser, de maneira alguma, apenas um relato materno.

Primeira entrevista com S.: como o indiciário aparece

Quando S. entrou no escritório, olhou para mim, respondeu timidamente ao meu cumprimento e sentou-se. Chamou minha atenção o estado de alerta em que estava. Ao menor ruído, ela se virava, como se sentisse que algo imprevisível poderia acontecer com ela a qualquer momento. Sua mãe e sua irmã estavam esperando por ela do lado de fora e, de vez em quando, ela olhava para fora para ver se elas ainda estavam lá.

Ao ver os brinquedos, ela os explora, testa um marcador em uma folha e opta por brincar com bonecos. Ela me inclui no jogo propondo que eu manuseie a boneca que representaria uma irmã mais velha e ela manipula as que representariam um papai e uma menina pequena. Diz-me, aludindo à trama da brincadeira, que a mãe está trabalhando, mas chegará logo.

S. pega a boneca e a coloca deitada no chão, coloca a boneca papai deitada em cima do bebê e, fazendo gestos de esmagamento, diz: "O papai esmaga o bebê".

T. – "O que o bebê sentiu?"

S. – "Que tinha um pai mau."

Ela me diz que a mãe acabou de voltar do trabalho.

Mãe – "Você fez algo ruim, você esmagou o bebê."

Pai – "Não, não, é mentira."

Mãe para o bebê – "Não é verdade que ele te esmagava?"

S. – "O bebê chorou porque a mãe não acreditou nela."

Mãe – "Bem, eu te perdoo."

S. – "Sabe que havia uns bandidos que entraram pela janela, querem agredir a mãe e a menina a defende."

Em brincadeira posterior, chegam alguns bandidos e matam o pai. S. diz: "Podemos trocá-lo por outro pai".

Estabelece um vínculo transferencial muito rápido comigo, o que pode ter a ver com a confiança que sua mãe já depositara em mim. Também está em alerta, em parte por registrar que se trata de uma situação nova, que ela não conhece. Em todo caso, o estado de alerta é excessivo, o que nos permite pensar que se trata de uma menina neurótica, com defesas adequadas para a situação, mas que provavelmente vivenciou um trauma. O excessivo estado de alerta costuma aparecer nessas crianças.

Mas chama a atenção também a rapidez com que surge a cena do pai com a menina. Esse momento de diagnóstico é precioso, pois a menina não consegue deixar de mostrar de maneira catártica algo que a perturbou.

Se isso pudesse ser tomado no âmbito do depoimento na Câmara Gesell, com a presença profissional de um psicólogo de crianças que tenha conhecimentos sobre traumas na infância e com material lúdico, poderia fornecer os elementos necessários para comprovar a experiência traumática vivida por essa menina. Por isso, é muito importante que a entrevista na Câmara Gesell, que serve de prova em um julgamento, seja realizada imediatamente após a denúncia. A situação traumática encontra-se numa fase em que ainda não operaram mecanismos defensivos de recalque, cisão ou dissociação, e o relato ou a dramatização do ocorrido podem aparecer, como nesse caso. A consulta de S. aconteceu em tempos históricos, em que se chegava à Câmara Gesell muitos meses após o trauma ter ocorrido.

Durante sua permanência no consultório, ela me mostra que precisa controlar se a mãe está à vista, o que me permite corroborar sua enorme angústia de separar-se dela.

As primeiras questões que surgem são: S. brinca? É uma brincadeira propriamente dita o que ela faz ou é outra coisa? No caso de haver momentos de brincadeira, ela consegue sustentá-la ou se interrompe pela irrupção do real que subtrai o "como se" do brincar? Ao me perguntar se é uma "brincadeira", refiro-me à perspectiva de D. Winnicott acerca do brincar. Existe a possibilidade de entrar em um estado de ilusão, que não requeira a diferenciação entre o mundo subjetivo e a realidade? Aqui parece bastante claro que S. está no território da realidade, sem transformações. Aparentemente não havia condições para ela poder entrar em um estado de ilusão. Aqui é importante diferenciar uma menina com defesas rompidas em virtude do trauma de uma menina que não consegue entrar em um estado de ilusão como resultado de uma falha em sua organização psíquica. Era evidente que estávamos diante da primeira hipótese.

Ela me propõe uma brincadeira de bonecas. Vê-se imediatamente que ela não consegue fazer quase nenhuma transformação, não há distância entre os personagens e as pessoas. A realidade se intromete com toda a crueza, o pai "é" seu pai negando que a esmagou. O bebê "é" ela chorando porque presume que a mãe não acreditará nela.

O conflito edipiano se desenrola com toda a sua força. Ela denuncia o segredo com o pai pelo qual se sente culpada e deseja que a mãe a perdoe. Sua "maldade" é projetada nos bandidos que entram pela janela para atacar sua mãe e ela onipotentemente a salva, reparando sua culpa. Ela tenta resolver o conflito livrando-se do pai que a fez transgredir, ficando com o pai que ama.

Então S. me fala que vai me desenhar, a terapeuta.

Ela me desenha com orelhas enormes e proeminentes. De repente ela me diz: "Você também tem pelos aqui embaixo?", e me desenha uma forma de pênis com pelos no peito.

Aqui temos um desenho que contém *elementos simbólicos e outros que não são simbólicos, mas indiciários*, ou seja, elementos que foram vistos na situação traumatogênica e que, pela impossibilidade de serem metabolizados por seu ego em virtude da intensidade traumática, surgiram no desenho de forma disruptiva, e eu, como analista, percebo o signo. Ou seja, são elementos perante os quais devo me deter para lhes oferecer um contexto de origem, pois fica evidente que vêm de outro contexto e são disruptivos no desenho. Refiro-me ao desenho de pelos no peito que se assemelham a um pênis com pelos, e poderia referir-se ao fato de que a visão do genital adulto ereto com pelos foi excessiva para a menina. Também a frase foi disruptiva no contexto em que surgiu, uma vez que "aqui embaixo também" refere-se a um embaixo que poderia tê-la impactado, já que ela esperava encontrar cabelos apenas "em cima" da cabeça ou do peito. Isso faz alusão ao desconhecimento que todas as crianças têm do genital, mas que essa menina percebeu que teve de suportar.

A presença do indiciário nos daria a certeza de que não estamos diante de uma menina que está fantasiando. Estamos perante os estilhaços da bomba que explodiu na sua cabeça com a intrusão da sexualidade genital, incrustados no meio de um desenho de conteúdo simbólico.

Esses *conteúdos* simbólicos poderiam ser as orelhas grandes que ela desenhou em mim, e representariam a grande excitação a partir do que ouviu vinculado a "palavras estranhas", conforme nomeou na brincadeira das bonecas. Provavelmente essas palavras escutadas tiveram a ver com situações de intensa agressão (ameaças), e com conteúdo sexual, que foram avassaladoras, vestígios da estimulação sexual do pai.

O indiciário pode ser a maneira de o terapeuta mostrar em um relatório, ou no depoimento em um julgamento, a presença do traumático como confirmação do abuso. A meu ver, isso teria a mesma validade científica que um achado físico na revisão do pediatra ou médico forense. Como quando o médico encontra um orifício dilatado ou ferido, por exemplo, após abuso sexual.

Em seguida, continua a brincadeira com as bonecas, ela representa todos os personagens.

Mãe – "Conte para a mamãe tudo o que aconteceu com você."

Bebê – "Mamãe, me perdoe porque eu tenho um segredo. Ele colocou uma cobra em mim."

Em seguida, diz: "A mãe disse a ela: vou acusar você, filha. A filha era muito má".

Aqui há indícios de que o pai com certeza utilizou imagens de animais como recurso para que o abuso parecesse brincadeira. Parece importante destacar essas imagens, já que, após alguns anos, S. consultará por não saber o motivo de seu terror a cobras.

S. está imersa em uma situação de muita culpabilidade. Ela sente que deve contar à mãe o que não lhe contou e tenta processar o fato contando-lhe no jogo.

Como se sente uma menina que tem a fantasia de ocupar o lugar de "eleita do papai" se tem um pai que em vez de a acalmar em relação aos riscos de que suas fantasias incestuosas se tornassem realidade, a introduz no incesto?

Pai – "Bem, desta vez não vou bater em você, mas para isso você tem que deitar em cima de mim."

Ela me diz: "Sabe, o papai tinha algo nas mãos que me assustava muito".

Ela me pede para dizer: o pai tinha algo preto nas mãos para me matar.

Eu repito.

Quando ela me pede para dizer que "o pai tinha algo preto para me matar", é evidente que ela não consegue suportar a sensação de que seu pai pode querer matá-la (houve ameaças de morte do pai se ela contasse algo? As ameaças de morte fariam parte do repertório de fantasias sádicas de que o pai precisaria para dominá-la e ficar sexualmente excitado?). S. precisa que eu diga isso na primeira pessoa para afastá-lo dela e torná-lo um pouco mais suportável.

No caso, o mais traumático aparentemente seria a crueldade por parte de quem ela esperaria cuidado e proteção. Em seu lugar surge desamparo, extrema desproteção. O pai a deixa sem qualquer proteção e ela não pode pedir ajuda à mãe porque se sente culpada e má. Percebe-se o forçamento do pai por meio de suas ações intrusivas e agressivas, para fazer algo que mais tarde a colocará como culpada pela aliança e pelos segredos diante da mãe. Essa é certamente a origem de todos os pesadelos em que existem monstros e animais malvados que vêm atacá-la. Sua agressão projetada torna-se um sofrimento constante que ela tenta processar à noite. O pai a força a sentir-se uma cúmplice incestuosa e isso se transforma em martírio torturante.

As palavras: "desta vez não vou bater em você, mas para isso você tem que deitar em cima de mim" mostram a enorme situação de dominação que o pai estaria exercendo sobre a menina para conseguir sua submissão.

Entrevista com o pai

Ele foi convocado por telefone. Tratava-se de um homem na casa dos 40 anos, mas parecendo muito mais jovem.

O pai disse que ficou bastante surpreso com a negativa de S. a vê-lo, já que ele sempre foi um pai "muito brincalhão".

No que diz respeito à mãe de S., ele afirmou que chamava a atenção o fato de que S. não quis vê-lo quando ele disse à ex-mulher que queria iniciar o processo de divórcio, já que estavam separados há mais de um ano. Ele supôs que ela poderia ter começado a difamá-lo diante da menina por ressentimento.

Questionado sobre sua referência ao fato de ele ser um pai muito brincalhão, ele disse que quis dizer que estava sempre em cima de S. inventando jogos com ela. Por isso que não entendia por que a menina não queria vê-lo nem falar com ele ao telefone. Algo deve ter se interposto entre eles, e ele pensou que seria a mãe enchendo a cabeça dela contra ele.

Eu expliquei que uma vez que S. estava muito angustiada e o demonstrava com tremores corporais, estado de hiperalerta e muitos medos, por alguns dias, até que o que estava acontecendo com ela ficasse claro, seria conveniente não a forçar com qualquer tipo de visita. Esperaríamos concluir o diagnóstico.

Ele ficou muito irritado com isso e afirmou que não concordava e que veria o que fazer. Ele também disse para não o chamar de novo porque ele não viria. E que só concordaria que a menina fosse a uma psicóloga de sua escolha.

Em nenhum momento ele ficou angustiado ou preocupado com o que estava acontecendo com sua filha.

Ele deu a impressão de ter comparecido à entrevista com um discurso pronto que não estava disposto a colocar em dúvida. No dia seguinte, ela informou à mãe que se ela trouxesse a menina para o diagnóstico, ele não pagaria mais a pensão alimentícia. E assim fez.

Diante dessa situação, fiz uma apresentação perante o Conselho dos Direitos da Criança e do Adolescente, considerando que o direito à saúde da menina estava sendo cerceado em um contexto de provável violência familiar. O advogado da mãe apresentou queixa por violência familiar em um juizado de menores.

Impressionou-me que o pai não estivesse ligado emocionalmente à filha, não havia angústia a respeito do que ela poderia estar sofrendo.

O significado que ele deu aos sintomas de S. não lhe diziam respeito, seriam efeito apenas de a mãe tê-lo desqualificado para obter um benefício no divórcio. Ele deu a impressão de se utilizar do argumento da síndrome de alienação parental, cunhado por quem ignora o sofrimento de uma criança para defender um adulto violento. Pode até ser que já tivesse consultado um advogado que lhe teria recomendado como se conduzir na entrevista.

A frase "sempre tinha sido um pai muito brincalhão" foi chocante, já que o pai parecia alguém com bastante pobreza simbólica e recorrendo muito à ação. Isso significaria que ele estaria falando com pouca transformação metafórica. Por outro lado, "ser muito brincalhão" aproximava-se da ideia dos atos que podiam ser realizados com a menina na forma de supostas "brincadeiras", e que apareciam no material de S.

Segunda entrevista com a mãe

Quando a mãe chega, está muito mais angustiada que da vez anterior. O pai telefonara para ela após a entrevista para dizer que nem sonhando se esperasse que ele cumpriria algo do que "essa psicóloga" poderia ter sugerido, e que "ele iria ver S. quando bem quisesse".

A mãe descreve a si mesma com tremores no corpo ao falar do pai da menina. (É um indicador de que o terror impregna a mãe também.)

Afirma sentir-se ameaçada, pois o pai entra em sua casa sem avisar e sem tocar a campainha, o que ela reconhece ter permitido desde a separação, e isso assusta tanto ela quanto as duas filhas. A irmã de S., embora não tivesse sentido isso antes, também começou a ter medo.

Isso faz S. não dormir bem. Ela tem muitos medos, diz que sonha com monstros que a atacam.

Dado o estado de temor expresso pela mãe e pelas duas filhas, sugiro que troquem a fechadura do apartamento e, além disso, encontrem um local onde se sintam mais seguras para ficar ao menos por alguns dias, até o pai receber a notificação da denúncia realizada pela mãe. Ela aceita a sugestão e as três se mudam para a casa de uns parentes.

A mãe começa a relatar situações que só agora parecem começar a fazer sentido para ela. S. vinha da casa de seu pai muito excitada. Isso manifestou-se no fato de ter querido tocar nos seios de sua mãe várias vezes.

Além disso, sua irmã a tinha visto friccionar seus genitais com um brinquedo e, ao lhe perguntar o que estava fazendo, ela respondeu, enquanto a mãe escutava: "É a brincadeira do saca-rolhas e da pocha*".*

S. contou para a irmã e a mãe que fazia a mesma brincadeira com sua prima (da mesma idade).

Nos últimos dias, S. havia dito para a mãe: "O que eu disse para você é mentira, papai não me bate com o saca-rolhas na pocha*".*

A mãe relata algo que a tia materna de S. tinha lhe contado. Nesse dia a tia tinha acompanhado a mãe, pois estava muito preocupada, e estava na sala de espera. Decidi fazer então uma entrevista com a tia.

Nisso é possível ver que o pai não reconhece outra lei que não a do seu próprio impulso. Isso fala de uma provável constituição psíquica perversa no pai. Ele já havia descartado a intervenção da psicóloga que instara que ele inibisse seu impulso de se apropriar do corpo da menina para seu gozo no banheiro ou na cama, e agora não reconhecia que a casa das meninas e da mãe não era mais sua, invadindo sem permissão. Não aceita leis.

A partir das palavras da mãe, ao relatar a negação por parte de S. da "brincadeira" do saca-rolhas, surge um elemento confirmatório do que está sendo negado, momento muito habitual no abuso sexual intrafamiliar ou no incesto infantil. Quando o menino ou a menina começam a registrar os efeitos de seu relato no ambiente, surge a retratação ou negação do relatado, o que apenas o confirma.

A mãe começou a associar e lembrar de elementos que lhe dão mais sustentação às suspeitas de que S. teria vivenciado uma situação de abuso sexual por parte de seu pai.

A referência de S. ao fato de ter feito um jogo sexual com sua prima da mesma idade levanta algumas questões interessantes. Por um lado, acontece muitas vezes de crianças invadidas pela sexualidade adulta ficarem com uma sobrecarga de excitação que se traduz na necessidade permanente de repetir ações evacuatórias, como a fricção que ela mesma se produzia com brinquedos, ou o "jogo sexual" proposto à sua prima. Talvez propusesse a ela repetir a "brincadeira do saca-rolhas e da *pocha*". Na realidade não se trata de uma brincadeira. Trata-se da repetição como intento evacuatório de uma grande sobrecarga excitatória. Não há brincadeira nisso. Em todo caso, poderíamos chamá-la de "prática sexual" por sua semelhança com algo da sexualidade adulta vista ou vivenciada por uma das crianças.

O importante a ser compreendido é que, uma vez que a menina vivenciou a intrusão da genitalidade adulta, esta fica independente da presença do adulto sedutor e começa a pulsar a partir do interior do seu aparelho psíquico em busca de uma descarga que a alivie. É como uma picada de mosquito. Após a picada, a presença do mosquito não é mais necessária. É o próprio vergão que incomoda e provoca a coceira para aliviar o prurido.

O fato de a mãe ter contado que S. se friccionava e se masturbava, e tentava tocá-la em áreas íntimas, confirma a superexcitação e sua compulsão a repeti-la.

Entrevista com tia materna

A tia materna é mãe de sua prima, com quem S. tem um vínculo muito próximo e confiável.

Ela me conta: "S. pediu-me que nós duas entrássemos embaixo da mesa e fizéssemos uma pequena caverna, para me contar algo. Respondi que sim. Entramos embaixo da mesa e ela me disse que tinha um segredo para me contar, ela assistiu a um filme em que um homem mostrava um pipi muito grande e fazia brincadeiras que ela também fazia com seu pai.

Ao perguntar-lhe do que ela brincava com o pai, ele me disse: 'Não, com meu pai não, com uma boneca grande que eu tenho e cujo nome é igual ao do meu pai'. Aí contou-me que o pai batia nela 'aqui', apontando para a região genital".

Esse é o relato mais direto da menina sobre o abuso, e ela o faz para a tia.

Possivelmente, parte das ações que o pai realizava ao abusar dela, além das ações para sua satisfação sexual na forma do que ele chamaria de "brincadeiras" visando à participação de S., e com o uso de brinquedos, se relacionasse a mostrar-lhe filmes pornográficos. Quando S. primeiro afirma, mas depois nega que seja com o pai que faz essas brincadeiras, e as atribui a uma boneca com o nome do pai, percebe-se a ambivalência da menina em querer contar e depois querer apagar o que contou. Provavelmente porque sentiu prazer em alguma dessas situações, e pelas ameaças.

O que acontece quando o corpo goza ao mesmo tempo que o ego sofre?

Essa é uma das perguntas mais culpabilizantes para uma menina: ter sentido prazer corporal enquanto o ego suportava uma situação de submissão e se sentia arrasado.

Segunda entrevista com S.

Encontro S. em um estado que considerei bastante alarmante, com grande ansiedade.

Ela me diz: "Tenho sonhos feios. Há animais que estão prestes a morder meu rosto e corpo e tento fugir, mas não consigo.

Eu vi um filme. Meu pai diz que tenho de aprender muitas coisas que são brincadeiras. Minha irmã também assistiu a um filme com uma amiga. Suba aqui. Não pá que eu caio, para pá, dói muito! Não quero mais curtir jogos".

Ela grita enquanto dá uma risada maníaca. "Você me cansa, vá para a casa da sua mãe. Não venha mais. Sou meio tonta" (bate-se contra a parede).

Após essa entrevista, fico com uma carga enorme, pois sinto com clareza o sofrimento que essa menina tem suportado sem que ninguém tenha sido capaz de protegê-la até esse momento. São momentos de altíssima tensão emocional para o terapeuta que possui os elementos convincentes de que a criança está passando por episódios disruptivos intensos e que precisará ver se alguém conseguirá escutar o que o profissional tem a demonstrar. Por isso, não é possível trabalhar com a menina se as condições de proteção não forem garantidas, nem pensar em mais nada até se ter certeza de que o abuso cessou e a sua existência foi reconhecida.

Aqui deparamos com muitos elementos indiciários, que eu, como terapeuta, precisei reunir para atribuir-lhes significado. Trechos soltos do que foi escutado nas cenas traumáticas surgiram sem coerência aparente. O ego, que no processo secundário concede ilação aos conteúdos emitidos, estava impossibilitado. Poderia ter sido confundido com um episódio psicótico. Ela dava a impressão de ter enlouquecido. Mas ocorreu de seu ego ter ficado arrasado pelo trauma.

Quando, em virtude de um trauma grave, o ego não consegue captar os signos da percepção, eles mesmo assim entram na psique e não podem ser conscientes nem recalcados porque o ego está arrasado.

Minha tarefa era pensar em todas essas impressões para tomar uma postura diagnóstica, para saber como intervir. Minha tendência evidente foi pensar que se tratava de um trauma grave e que, por um lado, eu deveria enviar ao tribunal um relatório acurado, que mostrasse de onde tirei minhas conclusões e que desse consistência ao meu diagnóstico. Era um compromisso ético com S.

Fiquei realmente chocada ao ver seu desamparo; como ela era uma menininha sem pai e também, em certo sentido, sem mãe, já que em todo aquele tempo ela não tivera noção do sofrimento que a menina vivia. No entanto, à medida que começamos a dar significado ao que estava acontecendo, a mãe começou a protegê-la e a cuidar dela.

Por outro lado, eu me colocava a necessidade de ir fazendo uma pequena construção inicial que pudesse dar sentido ao que ela trazia e ajudasse a aliviar a tremenda angústia, encontrando algum modo de alinhavar e tecer os furos causados pelo trauma.

Fiz uma pequena construção. Eu lhe disse que ela me contava algo que com certeza aconteceu com ela quando estava com seu pai e isso a angustiava muito. Que com certeza ela queria telefonar para a mãe porque era pequena e precisava muito que a mãe cuidasse dela e a protegesse. Que há coisas que um pai não pode fazer a uma filha ou a qualquer outra pessoa, que são proibidas por lei, e que íamos trabalhar com a mãe para protegê-la de modo que aquelas coisas que a assustavam tanto nunca mais acontecessem com ela. Além disso, ela não teria que ver o pai.

Isso a aliviou bastante e observou-se a diminuição da sua ansiedade.

Terceira entrevista com a mãe

A mãe relata que quando passavam alguns dias na casa de sua família, houve um episódio em que S. se sentou em cima do jato do bidê e não quis sair, dizendo que era muito bom. Contou que na sua casa não há bidê, mas na casa do pai há.

Na entrevista, contou-me que havia se lembrado que uma vez, quando estavam na casa dos avós paternos, escutaram que uma menina tinha sido separada do pai por suspeita de abuso. Ao voltar para casa, o pai teria lhe dito: "Coitada de você se alguma vez fizer uma denúncia desse tipo!".

Também relatou que S. disse à mãe que não tinha mais pai.

A mãe começa a ligar os pontos e a alinhavar atitudes, comentários do pai.

S. tenta separar o pai de sua vida (não tenho mais pai), como tentativa de colocar alguma ordem separando-se do que a prejudica.

A busca por autoproduzir prazer em seus órgãos genitais com o bidê também é marca do fato de ter vivenciado uma superexcitação a partir da intromissão sexual adulta. Agora ela precisa voltar a repetir, para tentar evacuar as enormes quantidades que têm sobrecarregado o aparelho psíquico e, ao mesmo tempo, reproduzir o gozo sensorial que experimentou. A superexcitação sexual causada pela intrusão da sexualidade adulta em uma criança funciona dessa maneira.

Terceira entrevista com S.

S. volta a tirar as bonecas e, quando lhe pergunto do que quer brincar e que papel eu desempenharia na brincadeira, ela propõe o seguinte: que o boneco papai tivesse acabado de tomar banho e a boneca menina o enxugasse, colocando a boneca menina de tal maneira que sua boca ficava na altura dos genitais do pai.

Corta a cena abruptamente e diz: "Vamos jogar bola".

Constrói um jogo: organiza duas equipes de jogadores, os maus e os bons. Então diz: "fazemos um passe de mágica e os jogadores maus desaparecem. Apenas os bons permanecem".

S. tenta uma brincadeira na cena do banho, mas se transforma em repetição sem possibilidade de brincar. Repete pela necessidade de dar sentido junto comigo a algo que era extremamente excessivo.

O corte abrupto da cena que ela desenvolvia é indicador do surgimento de angústia e de que não se tratava de uma brincadeira, mas da repetição de algo opressivo. Em seguida, ela tenta instalar defesas: separar o mau do bom para que não se misturem, na tentativa de produzir uma ordem que alivie sua angústia. Fazer o mau desaparecer magicamente e manter o bom.

No relatório que enviei ao tribunal, reproduzi a sequência de entrevistas e o mais importante ali colocado, para fundamentar minhas conclusões.

Conclusões no relatório para o tribunal

> *Elevada suposição de abuso sexual e violência familiar com certeza acompanhados de ameaças como parte de uma ação sádica do pai para com S.*
>
> *Parece que a mãe permaneceu sem registrar durante o tempo em que isso aconteceu, provavelmente por ela também ter sofrido abuso na infância sem nem mesmo ter processado. No entanto, assim que começou a detectar seu sofrimento, a mãe agiu de forma imediata e eficaz para protegê-la.*
>
> *Sugere-se:*
>
> *que a menina não tenha nenhum contato atual com o pai.*
>
> *que ele não volte para a casa em que tanto a menina e sua irmã como a mãe se sentem inseguras.*
>
> *que a menina não volte para a escola até haver condições claras de proteção para ela.*

> [No momento que recebi esse caso, as medidas de proteção não eram expedidas no mesmo dia da denúncia de maneira que o pai não pudesse aproximar-se da menina. É importante notar quanto progresso foi feito com as formas atuais de proteção, sempre e quando sejam feitas avaliações cuidadosas sobre o que está acontecendo diante de uma denúncia de violência.]
>
> *Recomenda-se tratamento psicológico para S., entrevistas com a mãe, e que a mãe continue seu tratamento psicológico.*

Após concluído o diagnóstico, eu disse a S. que ela precisava de uma mãe e de um pai para cuidar dela e protegê-la para que ninguém lhe fizesse mal.

Que ela sentiu, com razão, que seu pai não cuidou dela e também fez coisas com ela que um pai não pode fazer com a filha. Que eu acredito nela e a sua mãe também. E que sua mãe por algum tempo não percebeu aquelas coisas dolorosas que seu pai havia feito a ela e não conseguiu protegê-la.

Agora sua mãe sabia o que ela havia sofrido e foi contar a um juiz, que a ouviu e decidiu que seu pai não poderia se aproximar dela. Em relação a isso, eles também se mudariam para outra casa e ela frequentaria outro jardim de infância.

Eu disse a ela que nos veríamos todas as semanas para continuar brincando, desenhando e conversando sobre o que ela quisesse e precisasse.

S. pediu inúmeras vezes para ter certeza de que nunca mais teria que ver seu pai.

Após o diagnóstico da menina

Considerei que estava diante de uma menina neurótica, com muito bons recursos intelectuais, que estabelecera uma intensa relação de transferência e estava muito disposta a receber ajuda.

A mãe e as duas filhas mudaram-se para muito longe.

Trabalhei com S. por dois anos, mas depois continuaram o tratamento psicológico em uma instituição perto de sua casa em virtude do trajeto difícil e custoso.

Relação com a justiça

Declaração em Câmara Gesell e efeitos posteriores

Vários meses após a realização do psicodiagnóstico e durante o tratamento, o tribunal proferiu laudo pericial e chegou o depoimento da Câmara Gesell, na vara criminal, em que estava o processo penal por abuso sexual, com base em denúncia da mãe. A principal prova criminal é o depoimento da menina na Câmara Gesell. O problema é que isso aconteceu muitos meses após a ocorrência do abuso. A menina ativou mecanismos psíquicos defensivos. Possivelmente havia recalcado. Não se lembrava do que seu pai tinha feito com ela. Lembrou-se apenas de que ele fizera coisas feias com ela e foi o que disse, soando impreciso para um juiz que só reconhece como prova o relato verbal do que lhe foi feito.

Quando chegou a hora da Câmara Gesell, S. não queria entrar. De qualquer maneira, a fizeram entrar. S. contou à mãe o que disse à psicóloga: "Você tem brinquedos? Eu posso desenhar?".

A psicóloga disse que não tinha brinquedos.

A mãe relata que S. contou que a psicóloga lhe perguntou três vezes: "Seu pai tocou em alguma parte do seu corpo?". Mas S. não respondeu nada.

O momento da entrevista reforçou os mecanismos que ela precisava implantar.

S. não conseguiu falar por meio de um relato verbal o que havia acontecido com seu pai.

A pressão pela revinculação

Como S. não relatara o que seu pai tinha feito com ela, ele foi absolvido no julgamento criminal.

Isso abriu caminho para os advogados começarem a insistir na revinculação do pai com S. na vara de família.

O tribunal civil ordenou que os pais fossem entrevistados por uma terapeuta familiar e que ela trabalhasse com a menina para restabelecer o vínculo com o pai, o que a terapeuta fez. Aproximei-me para conversar com ela e expressar minha opinião sobre o caso com base no delito do pai e minha discordância, mas ela manteve sua posição, que também manteve em seu relatório ao tribunal.

Como a mãe ficou muito angustiada com a perspectiva de a menina ser obrigada a ver o pai e como a estabilidade emocional que S. conseguira estava intimamente ligada ao fato de ter se afastado de qualquer possibilidade de contato com ele, a mãe foi muito dura com a terapeuta de família, opondo-se à revinculação que ela fomentava. Isso foi tomado como demonstração de que a mãe obstruía o vínculo entre a menina e seu pai, e que se tratava de problema de controvérsia do casal que obrigava a menina a cumprir as ordens de uma mãe dominadora para prejudicar o pai.

A menina pediu para mudar o sobrenome e lhe era até insuportável ouvir o nome do pai. Ela havia deixado de chamá-lo de pai e o chamava de "o desconhecido" toda vez que se referia a ele, apelido que respeitei para nomeá-lo. A maneira que ela encontrou para nomeá-lo foi muito interessante, já que ela o conhecia, mas pelo modo que esse sujeito agiu, ela sentiu que perdera toda a confiança e o vínculo. Daí o prefixo "des".

Minha situação pessoal como terapeuta foi não me sentir escutada nem pelo tribunal nem pela terapeuta de família.

A figura do advogado da criança

Nos últimos anos, a figura do advogado da criança, em conjunto com o novo Código Civil que reforça a ideia dos direitos da criança e do adolescente, é extremamente promissora para a proteção das crianças contra um poder que tenta instalar a impunidade para abusadores e violentos.

Em 2006, foi regulamentada a Lei n. 26.061, cujo artigo 27, alínea c, fala do advogado da criança.

Trata-se de um direito, e não de um dever. Direito a ter um advogado de confiança que imponha respeito se a criança quiser falar, mas também se ela quiser ficar em silêncio ou não puder falar. Esse direito tem impacto direto na responsabilidade dos adultos.

Adriana Granica[2] afirma:

---

2 Advogada e psicanalista de crianças, foi uma das primeiras a usar esta figura. Apresentação "Advogada da Criança" em 22 de janeiro de 2014, no Coletivo Federal do Direito da Criança.

> *A grande mudança de paradigma que considera a criança como sujeito de direito é difícil de assimilar não só por muitos funcionários da Justiça, mas também por outras áreas profissionais relacionadas à infância. As crianças, apesar das mudanças de paradigma já mencionadas, ainda continuam sendo consideradas em situação de risco e desamparo, incapazes de serem protagonistas quando se supõe que deveriam tomar a palavra . . .*

Os juízes de família que mantêm um olhar patriarcal muitas vezes rejeitam a intervenção de um advogado da criança por se sentirem ameaçados em seu poder.

A mãe de S. solicitou a intervenção de uma advogada da criança para expor a necessidade de S. de que fosse respeitado seu direito de não querer ver o pai.

Conversas com membros do Poder Judiciário três anos após o tratamento de S.

Durante o tratamento de S., fiquei cada vez mais preocupada que em nenhum momento o tribunal houvesse solicitado a mim um novo laudo, sendo eu a terapeuta da menina, para que pudesse demonstrar minha perspectiva e minhas corroborações clínicas do que havia detectado no laudo inicial.

Num contexto social em que muitas crianças que sofreram abusos sexuais são ignoradas e diagnosticadas sob a categoria de síndrome de alienação parental, a situação parecia começar a ter esse destino, com a consequente pressão para que a menina, que não queria ver seu pai, tivesse que vê-lo novamente.

Diante da decisão iminente de obrigar S. a retomar o vínculo com o pai, fui convocada após três anos sem ter sido consultada em nenhum momento.

A seguir, reproduzo a entrevista do juiz e do advogado de menores.

> *Juiz – "Temos um pai que foi absolvido em processo-crime, um laudo dos peritos e da Câmara Gesell em que a menina, ao ser questionada se alguém tocou em seu corpo, disse: 'Não, ninguém fez isso comigo'. O único relatório que se opõe aos outros é o seu. É uma situação em que tenho de tomar uma decisão e tenho a responsabilidade de fazê-lo bem.*
>
> *Como é a questão? Já faz três anos que S. não vê o pai, quanto tempo mais? E a menina tem avós e outros parentes, por que não vai vê-los?"*
>
> *Terapeuta – "Gostaria de explicar-lhe que elementos tenho para afirmar que estou intimamente convencida de que essa menina viveu uma situação traumática em relação ao pai. Em primeiro lugar, isso se manifesta em marcas que permeiam o corpo: palpitações, choro, nível muito alto de alerta, como se temesse que alguém pudesse entrar no espaço da entrevista, terror de separar-se da mãe ou de uma pessoa de confiança. Pesadelos que, há três anos, não a deixam dormir. O terror foi se acalmando quando se instalaram em outro apartamento longe de onde moravam. Cada vez que voltava para a vizinhança de seu apartamento anterior, para a sessão, a temperatura começava a subir, os terrores voltavam e ela se urinava de novo, quando o controle dos esfíncteres já tinha sido estabelecido. Isso não era algo que só ela ou*

a mãe diziam e contavam, mas que se via em seu corpo, como a menina estava impregnada por esses sintomas."

Juiz – "Muito bem, você diz que ela se acalmou morando em outro bairro, mas ela está isolada. Como isso é bom para ela?"

Terapeuta – "Não, doutor, ela não está isolada. Após muito trabalho terapêutico em que ela demorou a confiar, ela foi construindo ali seu mundo de confiança, ingressou em uma escola, se relaciona bem com os amiguinhos, aprende bem, integrou-se na relação com sua família materna."

Juiz – "Mas não vai mais se relacionar com sua família paterna? Fazemos um bem a uma menina que se relaciona com seus avós, primos e tios por parte de mãe e por parte de pai ela tem avós, tios e primos, mas não se relaciona? Não vai vê-los de novo? Permanecerá isolada? Estou cansado de ver casos que mais tarde, ao crescerem, afirmam que foram mantidos separados da sua família."

Terapeuta – "Mas no caso de S. ela diz claramente que não quer ver o pai nem os avós, porque tem medo de que, se vir os avós, eles digam ao pai onde ela mora e o pai vá buscá-la. Doutor, não podemos dizer que isso vá durar para sempre, mas por enquanto é assim e em todo caso, quando for adolescente, se perguntará novamente."

Juiz – "Tudo bem, ela não vê o pai há três anos, mas nunca mais vai vê-lo? Como é o futuro de uma criança mantida separada do pai por tanto tempo?"

Terapeuta – "Quando uma criança é prejudicada por alguém que deve cuidar dela e protegê-la, a imagem desse pai se desfaz e, muitas vezes, ela não a considera

> *mais como pai. No caso dessa menina, ela nem sequer consegue nomeá-lo.*
>
> *Passaram-se três anos nos quais ela, desde que foi confiando no ambiente e se afastou do pai, conseguiu ir se reconstituindo. Hoje ela é uma menina que gosta de aprender e de ter vínculos sociais. Isso mostra que foi necessário mantê-la afastada."*
>
> *Advogado – "Quando recebemos a carta de um advogado da criança, pensamos: é claro que isso é manipulação da mãe. Como uma menina vai contratar uma advogada para intervir? O que ela entende disso? Na carta da advogada da menina, ela diz que não quer ver o pai."*
>
> *Juiz – "Eu rejeitei e pretendo rejeitar totalmente essa carta. Não sei quem pediu a intervenção da advogada da criança, mas é prejudicial."*

Contei a eles que S., após sair da entrevista com a psicóloga de família que indicou o reencontro com o pai, me disse: "Não quero mais ver meu pai. Eu não tenho mais pai. Outro dia, uma amiguinha me disse que tem um cachorro que tem o nome do meu pai. Não quero que ela me diga o nome porque não quero me lembrar dele".

Relatei uma brincadeira de S. com bonecas em uma sessão de tratamento comigo. Brincou de pegador congelado, em que brincaram o pai e a menina. Para descongelá-la, o pai devia tocar na menina. S., ao representar a brincadeira com bonecos, fez o pai descongelar a menina tocando seus órgãos genitais.

Ao dizer ao juiz e ao advogado que o pai chegou a agir de forma arrogante em certa oportunidade para solicitar um relatório sobre o tratamento da menina, e que fez o mesmo quando pela primeira vez foi convocado para uma entrevista (entrevista diagnóstica), ambos disseram: "Bem, se dizem a um pai que ele é suspeito, é lógico ele reagir mal". (O nível de defesa e de desculpa ao pai foi muito significativo, e a tentativa de compreender o que ele poderia sentir e fazer; porém, não era assim com a menina e com a mãe.)

Algumas reflexões após a entrevista com o juiz e o advogado

Quais são os conceitos que fundamentam o que foi levantado pelo juiz e pelo defensor de menores?

Aqui deparamos com a ideia de que estar com a família é o melhor que pode acontecer a uma criança. Sabemos, por outro lado, que ela precisa ser cuidada e respeitada, e se um dos pais não faz isso, e ainda a prejudica, o melhor é esse vínculo ser cortado. Além disso, isso é extremamente necessário para a elaboração do trauma.

Por um lado, a psicóloga de família a quem foram encaminhados para diagnóstico familiar e para que se pronunciasse sobre a conveniência ou não da revinculação do pai com a menina diagnosticou que se tratava de um divórcio controvertido a partir do qual a menina ficava aderida ao que a mãe lhe dizia. Desconsiderou totalmente angústia e o mal-estar da mãe pela suspeita de abuso e pelo fato de S., que já dormia melhor após tanto tempo de sofrimento, voltar a ter pesadelos após o diagnóstico familiar com a referida psicóloga.

Por outro lado, é como se o juiz de família e o advogado de menores tivessem dito:

Quanto tempo mais ficará sem ver sua família de origem? (Leia-se a família paterna de pertencimento que outorga o sangue, que é a única coisa válida para essa ideologia patriarcal, como se não se pudesse reconhecer que um homem que desconhece sua filha como sujeito a quem deve respeitar e proteger rompeu esse mesmo vínculo de paternidade com sua filha.)

Por que um homem adulto e com poder deveria tolerar, por culpa de uma menina que é alguém inferior a ele, ter de se "privar" do contato com ela, permanecendo sob o manto da suspeita social de ter cometido um delito?

Por que um juiz e um advogado deveriam considerar a opinião de uma psicóloga de crianças?

Falta o reconhecimento de que uma única disciplina, como o direito, não pode resolver uma situação tão complexa. Cumpria-se então a formalidade de convocar a psicóloga, mas quem sabe e decide são os funcionários da Justiça, de acordo com a compreensão deles do que acontece com a menina, o pai e a família.

"É compreensível que o pai, se sentir que desconfiam dele, vá à entrevista e fique violento." Essa afirmação contém a ideia de que a violência do homem resulta sempre de alguém que a provoca e deve ser justificada. O mesmo não ocorre com a repulsa da mãe quando se desconhece a elevada suspeita de abuso ou quando ela recorre ao advogado da criança. Lá a mãe e a menina são consideradas violentas por se defenderem, por não se submeterem.

Juízes, juízas, mas também terapeutas de família e psicanalistas trabalham no campo hoje imbuídos desses valores patriarcais.

Como a prática de abuso sexual de crianças se inicia e é mantida durante anos por homens e, em alguns casos, por mulheres que confiam na ilusão da impunidade, silenciando suas vítimas?

Isso não aconteceria se não houvesse um dispositivo de desigualdade social tão eficaz como a Justiça patriarcal, que, muitas vezes, desconfia dos mais fracos e protege os poderosos. Concebe como natural que o que o homem adulto diz é confiável.

S. volta à consulta seis anos depois

A mãe de S. me telefonou novamente quando a menina tinha 10 anos, seis anos após a primeira consulta, me dizendo que S. pediu para me ver. Ofereci-lhe uma entrevista.

Entrevista com S.

Eu a encontro novamente. Ela parece muito feliz com o encontro. Relata que faz muitas atividades: hóquei e danças folclóricas.

Ao entrar no consultório ela me diz:

S. – "Eu queria ver você porque você 'vai direto ao ponto', e eu preciso 'ir direto ao ponto'.

Uma coisa: tenho terror a cobras. As que te enforcam, as que quebram os ossos e te engolem sem morder e as que te injetam veneno."

Impressiona-me seu modo de relatar situações em que se imagina passiva diante dos ataques ativos de uma cobra. Recordo de imediato que, durante o psicodiagnóstico realizado aos 4 anos, ela brincava com as bonecas e trouxe o seguinte diálogo de uma menina com a mãe:

Menina – "Mamãe, ele colocou uma cobra em mim."

Eu lhe pergunto se ela relaciona o terror a cobras a alguma coisa.

S. – "Se as cobras comem uma pessoa, mastigam e depois têm que descansar um mês. Eu vi uma no sítio de uma amiga, ela comeu um sapo. Comecei a ficar com medo e não fecho os olhos mesmo com xampu, porque acho que vai aparecer uma."

T. – "Como é uma cobra?"

Peço-lhe que desenhe.[3]

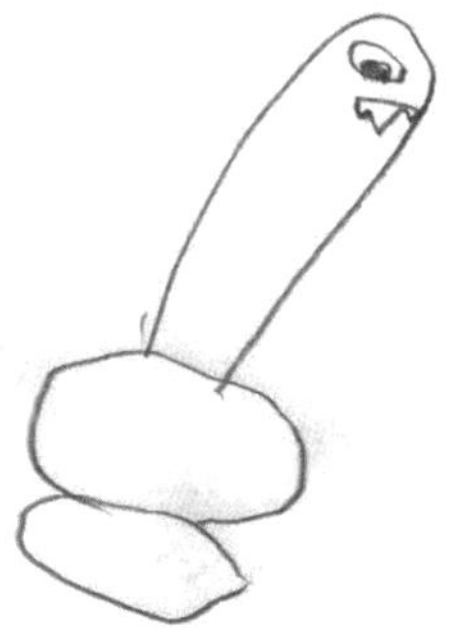

S. – "É estranho."

T. – "O que é estranho?"

S. – "É que às vezes eu sinto que isso me assombra, no banheiro, nos meus sonhos. Digo a minha mãe que tenho medo de que seja ele. Você sabe quem é ele? Eu o chamo de desconhecido."

T. – "Você se lembra de algo que possa relacionar com o que você me conta?"

S. – "Para ser sincera não me lembro como foi, como é nem como será. Mas não me interessa.

Antes eu tinha medo dele, muito medo de que me falassem dele ou o nomeassem. Agora, como tenho medo de cobras, não penso mais no medo dele, apenas no da cobra.

Se ele me encontrasse, eu não teria mais medo porque minha mãe e todos vocês me ajudariam. Ele não é ninguém para me assustar. Se ele passasse e me visse, não saberia quem eu sou. Não pensei em

3 Essa é uma recriação feita por mim, que tenta ser fiel e recorta uma parte do desenho original para transmitir o que para mim é importante na reflexão clínica sobre o caso de S.

mudar meu nome, só meu sobrenome. O juiz disse que quando eu crescer poderei mudar.

Não penso em cobras todo o tempo. Tenho medo de cair de um avião, ser a única sobrevivente, e cair em uma selva cheia de cobras. Ainda não sei por quê. Quero descobrir. Penso nisso todo o tempo. Não sei por quê. Antes, eu tinha medo de um milhão de coisas: viajar de avião, não passar da 6ª série, ir mal em inglês. Quando vejo uma cobra, mesmo que seja no computador, não consigo nem tocar nela.

Tenho mais medo quando tomo banho e quando vou dormir. Visto um pijama, um lençol, um travesseiro, duas mantas de lã e me sinto protegida. Eu sinto que esse material pode machucar a garganta da cobra. Protejo meu corpo. Se quiser me morder para injetar o veneno, vai raspar a garganta da cobra. Adormeço com o barulho da TV. Também durmo com o celular embaixo do travesseiro porque me protege. Se a cobra vier, pego o celular. Se tudo estivesse desligado, eu ligaria a TV, para me iluminar, e ligaria para alguém. Não durmo com a luz acesa porque sinto que a cobra, com a luz acesa, vai me encontrar."

Desenha um quarto em que todo o espaço é ocupado por uma cobra enrolada e ela está em uma das extremidades, deitada em sua cama, coberta e apavorada.

Aí ela me conta uma história: uma colega, C., às vezes se engana, mas a mãe sempre diz que C. faz tudo certo.

Choca-me muito vê-la assim. Os níveis atuais de angústia são enormes.

Lembro-me de suas expressões: "Chega pá, não quero mais que me ponha cobras". Lembro-me das primeiras expressões dela no diagnóstico e durante as sessões de seu primeiro tratamento, quando disse: "Eu sonho com uma planta bebê que tinha gatas peludas que caíam e pareciam cobras, compridas e gordinhas. Tinha muitos pelos em uma coisa longa em seu corpo. Eu vi uma cobra. Isso é muito feio! Se eu vejo um bicho isso me faz lembrar".

O desenho que ela faz da cobra também remete à visão da genitália masculina, como na descrição do sonho.

Também me ocorre que os lugares onde ela se sente mais exposta são o banheiro e a cama, que são os dois lugares onde as cenas de abuso com certeza aconteceram.

Diante de tudo isso, acho que poderia ligá-lo ao que ela havia trazido como restos indiciários presentes em seu discurso e seus desenhos nos primeiros momentos, imediatamente posteriores ao trauma. Mas acho que não adiantaria, já que é ela quem precisa fazer o nexo e chegar a isso.

Ela não está tão longe, já que diz: "Receio que seja ele".

Parece-me que o mais importante a destacar é que *ela precisa fazer esse nexo por meu intermédio*. Não é secundário o fato de ela ter pedido para me ver. Ela precisa começar a ligar, mas não pode fazer isso sozinha. Ela começou a dar forma a essas experiências traumáticas. Têm a forma de cobras que a atacam e devoram.

O medo não vem de fora, mas de dentro de sua própria psique e é incontrolável.

O mais importante é eu poder abrigar esse medo sem rejeitá-lo nem o negar.

Se ela me perguntasse se eu sei o que aconteceu quando ela estava com "o desconhecido", eu diria que ela sentia muito medo e não queria ir com ele. Também lhe diria que uma vez ela disse que ele colocava cobras nela.

Por outro lado, acho que sua fantasia de cair com um avião em uma selva cheia de cobras é uma descrição do intenso *abandono* que essa menina viveu, que teria sentido, nos momentos em que seu pai atacava a possibilidade de se comunicar e pedir ajuda à mãe, uma vivência máxima de vulnerabilidade.

Ao relatar o que está acontecendo com C., traz uma mãe que não está ligada à filha e que não percebe o que está acontecendo com ela. No estilo do que aconteceu com sua mãe.

Daria a impressão de que S. estava ensaiando formas de defesa com o ego atual, mais maduro.

No desenho em que o quarto todo é um grande caos tomado pela serpente, e ela está em um canto toda coberta e apavorada na cama, pareceria desenvolver-se uma relação com um mundo pulsional esmagador, tanto pelo que vem de fora (ela está entrando na puberdade) como por sua própria pulsionalidade sádica, à qual ninguém pode colocar limites.

O ego, diante de tudo isso, fica oprimido. Nem alguém que venha de fora dela consegue cortar. Sua mãe está sobrecarregada e tenta resolver levando-a para sua cama para dormir com ela, o que não é eficaz.

Nessa situação, foi muito importante para mim entrevistar a mãe e pedir-lhe que não criticasse o medo, que não é medo da realidade, mas de algo interno que ela vai precisar processar, e que a protegesse acompanhando-a em seu quarto, mas não trazendo-a para sua cama, e menos ainda nas condições em que o fez. A mãe vivia há alguns meses com um parceiro muito carinhoso e cuidadoso com S., mas face à angústia da menina interromperam a convivência para que S. voltasse a dormir com a mãe.

Outra questão importante da entrevista é considerar que até que ela chegue à puberdade e tenha início a inscrição da genitalidade, não poderá ressignificar o sentido genital do que aconteceu com o pai e dar o significado sexual-genital à cobra, que, pelo que ela desenhou, certamente alude à excitação do pai, ao domínio sobre ela para implicá-la subjetivamente na busca de satisfação e à visão de seu genital ereto. Certamente o trauma do abuso na infância está muito mais ligado à crueldade, ao domínio e às ameaças do adulto agressor, como dissemos, e isso é muito visível neste caso.

O aspecto genital do gozo adulto que teria a ver com as diferentes "brincadeiras" a que foi submetida (o saca-rolhas e a *pocha*, o pegador congelado, colocar cobras nela etc.) só poderá ser compreendido após a inscrição da própria genitalidade por meio do trabalho psíquico a ser realizado na puberdade e na adolescência. Levará algum tempo até isso poder ser retomado no processamento com os novos instrumentos conferidos por haver passado pela puberdade e ter iniciado o trabalho psíquico de apropriação subjetiva da genitalidade.

A partir desse pedido de S., conseguimos reconstruir um novo contrato de tratamento.

S. cresceu e atravessou a puberdade trabalhando em sua terapia, acompanhada de entrevistas com a mãe.

Uma desconfiança marcada dos homens e a preocupação em "não ser má" com as amigas foram temas recorrentes no início da segunda análise de S.

A mãe voltou a morar com seu parceiro, que era um homem muito continente e com capacidade de ternura. Uma experiência muito valiosa para mãe e filha.

A mãe, seu advogado e a advogada da criança trabalharam para que se respeitasse o pedido de S. de não ver o pai novamente.

Conclusões finais

O trabalho com S., como todo tratamento, é uma intervenção política. Implica assumir uma postura permanente: detectar os efeitos de um trauma em uma criança, acreditar nessa criança e nessa mãe, prestar testemunho em repetidos relatórios, ter clareza na posição tomada e na forma de transmiti-la aos atores da justiça, confrontar a posição que tomam outros atores institucionais como juízes e advogados quando necessário, ou outros terapeutas a quem são encaminhados etc.

Aqui está em jogo o tipo de psicanálise que cada um pratica. Como cada pessoa compreende o conceito de neutralidade? A partir de uma posição não neutra, precisamos utilizar nossa contratransferência e todas as nossas ferramentas para assumir uma posição clara de apoio ao diagnóstico de trauma por abuso sexual quando estiver à vista, e fazer uma intervenção para abrigar o sofrimento vivido pela menina e pela mãe a partir da qual a mãe possa detectar o que está acontecendo e começar a protegê-la.

4. O valor do diagnóstico em uma denúncia de falso abuso sexual de criança[1]

A consulta

G. me consultou por sua filha R., de 5 anos, pois a menina sofria pelas brigas com seu marido, B., pai da menina. Estavam separados desde que R., a única filha, completou 2 anos. A menina morava com a mãe e visitava o pai com frequência.

Minha ideia era fazer algumas entrevistas para conhecer R., já que uma psicanalista de crianças a havia encaminhado para mim após um psicodiagnóstico anterior e uma indicação de tratamento que ela não podia realizar. Como de costume no trabalho com crianças, planejei entrevistar a mãe e depois o pai para conhecê-los e escutá-los. No entanto, após duas entrevistas com G., comecei a trabalhar com R. Acho que a descrição que G. fez de B. causou-me

1 Este artigo baseia-se em capítulo de minha autoria em Berezin (2006).

grande ansiedade, a que costumam provocar em mim pais abusivos ou violentos ao conhecer meu consultório. Em geral, demoro mais tempo antes de entrevistá-los e, se essa ansiedade persistir, prefiro fazê-lo em um ambiente público.

Após a terceira entrevista com R., o processo foi abruptamente interrompido, uma vez que o pai denunciou a mãe por suposto abuso sexual da menina, em juízo anteriormente interposto pela custódia após o divórcio. O juiz determinou que, enquanto as avaliações pertinentes eram feitas para corroborar ou descartar o suposto abuso materno, R. devia morar com o pai.

A partir desse momento, iniciou-se para mim uma série de reflexões sobre minha responsabilidade ética como analista. Percebi que, sem querer, havia me tornado uma testemunha privilegiada dos últimos tempos antes da denúncia. Senti-me testemunha de um pequeno processo, já que havia escutado R. e observado as mudanças que iam ocorrendo nela entrevista após entrevista ao longo do mês anterior à denúncia. Compreendi que poderia esperar que alguém me pedisse uma opinião, mas poderia apresentar também um relatório sobre o que pude detectar naquele curto espaço de tempo. Sentia que tinha a responsabilidade de não me calar.

A advogada da mãe me telefonou na época e eu propus que o tribunal de intervenção me pedisse um relatório psicológico. A advogada transmitiu isso, mas naquele momento o tribunal não fez esse pedido. Isso aconteceu vários meses depois.

Na minha experiência, quando o pai ou a mãe fazem uma denúncia de abuso sexual ao outro progenitor, especialmente de uma menina pequena, é necessário descartar que não seja uma denúncia falsa. As denúncias falsas costumam ser produzidas como forma de extorsão quando o genitor denunciante quer pressionar o outro para conseguir dinheiro e/ou se apropriar da criança.

Como o tribunal age imediatamente tentando proteger a criança, ele a separa do suposto agressor até esclarecer-se o diagnóstico da situação. Se o agressor é quem faz a denúncia, ele tem o benefício de ter agido ao fazer a denúncia. No caso de R., o tribunal demorou quase um ano para esclarecer o diagnóstico, período em que a menina ficou com o pai quase sem ver a mãe, e a própria menina se recusou a fazê-lo.

Oito meses após a denúncia e nove meses depois de eu ter conhecido R., a Defensoria de Menores pediu-me um relatório, que passo a compartilhar.

Relatório psicológico para a Defensoria de Menores

Como a situação era delicada em relação ao risco psíquico que R. corria, resolvi relatar a sequência de entrevistas e o processo de transformação que R. estava vivendo de uma entrevista para a outra. Pareceu-me muito importante enviar ao juiz e ao conselheiro de menores o material a partir do qual formulei minhas hipóteses e os comentários com a produção de sentido que pude construir.

Primeira entrevista com a mãe

A consulta foi feita por G. Na primeira entrevista relatou o conflito com o ex-marido desde o momento da separação: "Ele não conseguiu aceitar a separação, não queria. O casal estava cada vez pior. Propus a ele darmos um tempo, ele tentou me bater. Meus pais vieram me ajudar para ele ir embora. Eu me sentia muito imatura e insegura para ficar sozinha com a R. B. abria a porta para mim com sua chave, e eu não ousei dizer a ele para não fazer mais isso. Ao entrar eu tremia.

Antes de me casar eu não estava bem. Casei-me para sair da minha solidão. Eu o conhecera recentemente e ele me pediu para vir morar na minha casa. Ele era supervisor na empresa em que eu trabalhava.

As coisas não correram bem, mas para ele sair precisei colocar meu carro no nome dele.

Havia uma situação violenta entre o pai de R. e eu. Eu o denunciei. Uma vez quando fui buscar R. em sua casa, ele me obrigou a entrar e limpar a casa dele. Eu sentia medo dele. Gritava alto comigo. Eu o denunciei ao tribunal civil e criminal. O juiz retirou a permissão dele para ver R. Por dois meses, ele precisou vê-la diante de uma assistente social. Foi bom para ele. Ele começou a me tratar de outra maneira. Ele supunha que poderia fazer o que quisesse comigo.

Sinto que o pai força a R. para ficar do lado dele. Tenho medo de que ela tenha medo dele. Ontem ele veio buscá-la uma hora antes do combinado e R. lhe disse pelo porteiro eletrônico: 'Me espera, ainda não estou pronta'. Ele lhe disse: 'Não se diz isso ao pai. Desce já'.

Ele pede a posse. Apega-se a coisas sem fundamento. Por exemplo, que R. coçava o bumbum. Colocou-se uma pomada e se curou. Ele se agarrou a isso para dizer que eu não cuido dela.

Para R. eu disse que viria ver uma psicóloga. Disse-lhe que ela havia sofrido quando pequena por causa dos problemas entre seu pai e eu. R. compreendeu. Ela escuta. Eu lhe disse que seu papai e eu tínhamos muitas diferenças. Ela disse: 'Não importa'. Ela procura se acalmar e minimizar. Parece uma adulta.

O pai de R. sabe que quero fazer a consulta. Informei ao tribunal que tinha iniciado uma consulta. Minha psicóloga recomendou que eu tratasse R. O juiz ordenou que nós dois fizéssemos terapia, mas o pai nunca foi.

Minha impressão dessa entrevista foi ter conhecido uma mãe preocupada com sua filha. Isso foi demonstrado por seu interesse em trazer a menina para consulta, sua preocupação com seus comportamentos sobreadaptados, sua aceitação de ela mesma ir a uma terapeuta. Todos eram indicadores de que a mãe considerava R. uma pessoa a ser protegida.

A situação que relatava era de violência familiar. O pai aparecia, pelo que foi relatado pela mãe, com características francamente psicopáticas. Despertava um temor intenso e fundado na mãe. No entanto, eu ainda não tinha tido minha impressão direta a partir de algum tipo de contato direto com ele.

Segunda entrevista com a mãe

Já na primeira entrevista, havia observado em G. um aspecto bastante infantil: seu vestuário, seu jeito de falar, sua postura corporal, faziam pensar em uma menina indefesa. Ele me contou a história de sua família. Era filha única. A mãe sofria de uma doença cardíaca em virtude da qual teve muitas hospitalizações quando G. era pequena e ela passava muito tempo com sua avó materna. Depois a situação da mãe se estabilizou. Pertencia a uma família de classe média com um pai profissional. Tinha se sentido muito sozinha, já que sua avó era uma pessoa pouco carinhosa. O pai trabalhava muito e tinha pouca disponibilidade, e precisava cuidar de sua esposa doente. G. se sentia muito criticada e desaprovada por sua família em tudo o que fazia.

Primeira entrevista com R.

Sugeri que ela ficasse comigo e ela concordou em entrar sozinha enquanto a mãe passeava. Pediu para ir ao banheiro e me disse que se arranjaria, que não precisaria de ajuda.

Quando saiu do banheiro, me pediu folhas para desenhar e começou a comentar tudo o que sabia fazer: desenhar vacas, campos com flores, escrever seu nome. Por sua maneira de se expressar, pareceu-me uma criança com pressa de crescer.

Quando questionada sobre o motivo de sua vinda, começou a relatar de maneira entrecortada que o pai e a mãe brigavam e que estavam separados. Ele chamou seu pai de papai, mas chamou sua mãe pelo nome.

Parecia muito interessada que eu visse como ela já escrevia, me contando que sua mãe a havia ensinado. Também tentou me contar que seus pais brigavam constantemente e ela não gostava disso e lhe dava dor de cabeça. "Parece uma guerra que vi na TV, em alguns desenhos animados. Brigavam por um tesouro. Achei que a briga da mamãe e do papai é como no desenho animado. Eu sou o tesouro e os dois brigam. Quero que eles parem de lutar para eu poder ir à casa das minhas amiguinhas.

Você sabe que eu vou a dois jardins? Minha mãe quer que eu vá para um que seja mais perto da minha casa e meu pai, para um que é mais longe. Eles me mudaram de jardim este ano e estou quase esquecendo os nomes dos meus amigos e não gosto nada disso. Meu pai diz que eu vou para a escola que ele prefere, que é uma escola chinesa, e minha mãe diz que não posso ir porque não vou entender em que idioma eles falam".

Observo que R. está falando do intenso sofrimento que vive em decorrência do vínculo entre seu pai e sua mãe, mas sobretudo pela forma como a envolvem. A angústia, a linguagem entrecortada, quase como se gaguejasse, deram-me o padrão de seu sofrimento.

Ao mesmo tempo, fiquei impressionada com sua grande capacidade de estabelecer um vínculo comigo e de se expressar sobre questões tão importantes. Vê-se que ela se sentiu rapidamente à vontade e conseguiu aproveitar o espaço para pedir ajuda.

Eu me pergunto por quanto tempo seu aparelho psíquico poderia suportar sem se romper esse nível de intrusão que implicavam as diferenças entre os pais, que não se resolviam como discussões verbais, mas eram levadas a atos que tinham efeitos tão importantes na vida diária da menina.

Comunicação por telefone com o pai

Poucos dias depois dessa entrevista, o pai me ligou. Presumi que gostaria de me pedir uma entrevista para falar da sua filha ou que gostaria de me perguntar o que eu achei quando a entrevistei. Ou talvez reclamar porque ainda não fora convocado.

Mas nada disso aconteceu. Ele não queria saber o que eu tinha achado da sua filha, e quando mencionei que teríamos uma entrevista em breve, ele não se interessou. Ele me disse que só estava me ligando para me avisar que a mãe da menina a expunha a ver filmes pornográficos. Ao lhe perguntar como ele sabia disso, ele me disse que tinha percebido e que conhecia muito bem sua filha para afirmar isso.

Impressionou-me como o pai não conhecia R., já que em nenhum momento ele expressou qualquer preocupação pela menina, ou por seu sofrimento. Nesse sentido, registrei uma diferença importante com a mãe, uma vez que ela expressou sua preocupação com R. e envolveu-se ao expressar sua própria fragilidade, sua dificuldade de estabelecer limites ao pai e seus medos.

O pai, por outro lado, apresentava-se como alguém com plena certeza do que pensava, não se envolvia no que poderia acontecer a R., colocava toda a responsabilidade na mãe, não expressava qualquer sofrimento próprio em relação a como R. vivia.

Pareceu estranho ele ter me telefonado apenas para denunciar a mãe.

Segunda entrevista com R.

R. entra no consultório, abre a caixa, explora um pouco e encontra alguns animais. Ela diz: "Mamãe tem medo da pantera".

A seguir me diz: "Este é o pai e a filha. Havia uma pantera presa em uma jaula. A menina não tinha medo dela porque estava com um amiguinho. A menina disse: 'O que acontece com você, pantera? Você é muito linda'. A pantera disse à menina: 'Você também é bela e eu te amo muito'.

O pai estava tremendo de medo".

Na história que ela traz, o pai é quem aparece com medo e ela não tem medo, como se transformasse a realidade no contrário. Para mim foi interessante a maneira de a menina controlar seu medo seduzindo a fera. Interroguei-me se poderia estar acontecendo de R. tentar apaziguar a quem temia utilizando a sedução.

Em seguida, narra outro conto de elefantes africanos: "Havia três elefantes. Um brigou com outro que tem presas grandes, e o terceiro está morto. O pequeno estava morto e o grande cuidava dele para que seu esqueleto não se quebrasse. Na verdade, ele se fingia de morto, parecia morto, mas não estava morto. O pequeno estava dormindo, se fingia de morto".

Parecia que R. tentava alguma defesa para sobreviver ao risco extremo que sentia correr: uma forte ameaça de destruição a envolvia. O que pode fazer uma menina que sente que quem deve cuidar dela não evita destruí-la?

É nesse terreno que as defesas mais extremas são implantadas. A onipotência infantil pode apostar em se fingir de morta para ninguém perceber que estava viva e continuasse a destrui-la. O risco real que corria era morrer psiquicamente como sujeito, parar de pensar e sentir com sua própria mente e seus próprios sentidos.

Última entrevista com R.

Nessa entrevista sinto um grande impacto. Embora as impressões tenham sido coletadas durante a entrevista, só depois de um tempo fui capaz de processar o que aconteceu e chegar às conclusões a que mais tarde cheguei. Isso acontece com frequência. O terapeuta precisa ser capaz de processá-lo primeiro, antes de chegar a uma conclusão.

É como se outra R. tivesse chegado. Surgira uma voz rouca, monótona e desprovida de afeto.

"Eu quero ver meu pai. Sinto muita falta dele. G. e N. [a avó materna] não me deixam vê-lo. A diretora me esconde na escola, não me deixa ir com meu pai quando ele vem me buscar. A professora me leva até G. e não me deixa ir com o meu pai. Eu quero ir com meu pai.

G. me trata mal pois enfia o dedo no meu bumbum. Não porque me disseram, porque eu vi. Que G. fez essas coisas comigo, tocou meu bumbum."

T. – "Você já contou isso a alguém antes?"

R. – "Eu contei isso ao meu pai. Contei-lhe com minhas próprias palavras. Eu disse a ele que G. põe o dedo dentro do meu bumbum e da minha vagina."

T. – "O que é vagina?"

R. – "A 'cucucha'. *Ela faz isso comigo quando estou dormindo e também quando acordo. Eu lhe disse para não fazer. Ela não quer que eu diga ao meu pai. G. diz que é normal fazê-lo, tocar o bumbum de uma menina. Meu pai não faz isso comigo, ele só me toca para me limpar."*

T. – "E sua avó sabe disso?"

R. – "Sim, ela viu a G. A prima de G. também viu. Eu lhe digo para não fazer essas coisas."

T. – "Quem falou para você me contar?"

R. – "Eu quis contar para você."

T. – "Você contou para a sua professora?"

R. – "Não, eu não conto porque G. vai ficar brava."

T. – "E o que G. faz quando fica brava com você?"

R. – "Ela diz que vai me castigar. Minha avó me disse que como castigo vai dar minha mochila do jardim para outra menina, porque não quer que eu fale. A casa de G. não é minha casa. Minha casa é onde eu moro com meu papai e quero ir para a casa do papai e não para a de G."

Logo após essa entrevista, quando eu ia ligar para a mãe para marcar uma entrevista para tentar entender o que havia acontecido, ela me ligou antes para me dizer que R. havia feito uma denúncia de abuso sexual contra ela, e que o tribunal, como medida preventiva, havia transferido a menina para morar com o pai. Isso também implicava que as entrevistas que havíamos iniciado estavam suspensas.

Alguns dias depois, a advogada de G. se comunicou comigo e eu me ofereci para enviar um relatório psicológico do que eu tinha visto até aquele momento em R., mas isso não foi solicitado até o telefonema da Defensoria da Criança vários meses depois.

O impacto produzido em mim ao ouvir e ver R. nessa entrevista tem a ver com a mudança abrupta ocorrida. Isso se expressou em sua voz desafetada, que me deu a impressão de que reproduzia algo ouvido, dito por outrem, e não algo seu. Era incongruente contar algo que, se vivido, costuma ser muito desestruturante e, nesse caso, se manifestou sem impacto emocional, mas como um relato compacto. Não havia interrupções, silêncios nem nada do que costuma ter o relato de um abuso vivido.

Sua declaração: "Não porque me disseram, porque eu vi" chamou minha atenção como uma negação que é a afirmação do que está sendo negado.

Por outro lado, em minha experiência, quando uma criança viveu intrusões em seus órgãos genitais, como um dedo no bumbum, costuma haver comportamentos em que a criança se estimula repetindo o que foi feito a ela, ou aparece uma encoprese secundária, em uma tentativa de descarga e ligação de excitação excessiva. Não havia notícias de que algo assim estivesse acontecendo.

Concluo que o relato me pareceu mais um trecho de algo ouvido que de algo vivido.

Conclusão

Minha hipótese é que, diante de situações extremas de intrusão violenta em sua mente a partir das brigas dos pais que a envolveram, R. adotou uma defesa também extrema: alinhar-se com o discurso de um deles (o pai de quem certamente já tem medo, que prefere seduzir obedecendo-lhe por medo) e nele se alienar, deixando-se parasitar por suas palavras.

A menina da última entrevista é diferente das anteriores. A R. do início foi anunciando e mostrando as transformações que viriam. Nas entrevistas anteriores houve atividade simbólica, mas se observava chegando uma possível ruptura. Como se ela não pudesse mais pensar com sua mente atormentada e tivesse morrido como sujeito, se deixando parasitar pelas palavras e pelos pensamentos de outro. A metáfora do elefante entrou em jogo. Como se ela tivesse matado seus próprios pensamentos e se entregado de maneira disciplinada aos pensamentos de outra pessoa como forma de evitar uma explosão ainda maior de sua própria mente.

Acerca dos intercâmbios com a Defensoria de Menores

Antes de redigir o relatório, fui convocada pela equipe de psicólogos e assistentes sociais da Defensoria de Menores. Lá eu soube que B., após a denúncia, trouxe R. a uma psicóloga, que avaliou a menina.

A psicóloga a que o pai apelou havia relatado na Defensoria que R. havia desenhado o abuso da mãe em uma folha (uma menina deitada e a mãe tocando seus órgãos genitais) e o havia contado a ela. A partir daí, ela deduziu que tais abusos haviam ocorrido.

O que transmiti na Defensoria é que na minha experiência anterior com crianças que sofreram algum trauma como seria o abuso sexual por parte da mãe, eu nunca tinha visto uma menina que pudesse simbolizar o abuso, nem em desenho, nem em jogo, nem em um relato contínuo. A criança que está sob o impacto de algo tão traumático como uma intrusão brutal no corpo e na psique em geral não consegue fazer a transformação em desenho ou em relato, pois qualquer um deles implica um distanciamento do evento que é impossível em meio ao trauma (Toporosi, 2005). A presença permanente, a impossibilidade de esquecer e lembrar que caracteriza o traumático, não permite transformá-lo.

Sempre que havia ocorrido tal abuso, encontrei os efeitos que o trauma provocou: grande dificuldade de falar do que aconteceu, gestos e expressões que não permitiam montar um relato contínuo, trechos não metabolizados do que foi visto ou ouvido na situação traumatogênica que surgiam de forma disruptiva em desenhos ou relatos que as crianças faziam sobre qualquer outro assunto.

O elemento fundamental para a história não ser crível para mim foi a mudança de voz ocorrida em R. Isso me fez lembrar o filme *O exorcista*. Ela parecia "possuída", com uma voz rouca e desafetada, que em nada se parecia com a das entrevistas anteriores. Parecia falada por outro.

Alguns dias após o envio do relatório, recebi um telefonema da Defensoria de Menores informando que o relatório tinha sido útil para esclarecer a situação e que o defensor pediria ao juiz que devolvesse a menina à mãe. Também me informaram que o defensor havia escrito no relatório ao juiz que quando R. voltasse para sua mãe, o tratamento psicológico deveria ser feito comigo.

O juiz ordenou que a menina voltasse para a mãe. Quando o pai descobriu e ficou em posição de fraqueza, colocou a sedução em funcionamento na tentativa de recuperar o poder perdido. Telefonou para a mãe para dizer-lhe que a pretensão de que R. voltasse para ela era um excesso da sua parte, pois a menina queria ficar com ele. Mostrou-se muito gentil com a mãe, sugerindo que parassem de brigar e até mesmo propondo voltarem a viver juntos. Estava em cena a história da pantera que assustava a menina e que ela apaziguava seduzindo.

Durante todo o tempo em que estiveram separadas, R. permaneceu dizendo que não queria ver sua mãe e quase não falava com ela ao telefone. É necessário questionar o custo emocional que tudo isso teria acarretado para R. Certamente não conseguia escutar o sofrimento de sua mãe e sentia que tinha de dar a ela uma resposta que não podia dar.

Meu reencontro com R.

Depois de um ano e meio, quando a Justiça, com grande resistência do pai, conseguiu fazer a menina voltar para a casa da mãe, recebi a mãe para falar sobre diversas questões de seu reencontro com R. O pai, por ordem de justiça, não poderia aproximar-se da menina a menos de 500 metros.

Recebo R. no meu escritório novamente.

Ao me ver na entrada do edifício, faz uma representação teatral: finge que desmaia, me mostra que está desmaiando. Recusa-se um pouco a subir comigo e separar-se ali de sua mãe. Peço à mãe que nos acompanhe até a porta do consultório e elas se despedem. Enquanto subimos no elevador, me pergunto: se o desmaio é a representação de uma ausência, quer dizer que entre o momento que nos vimos, aos 5 anos, e o tempo atual, quando ela já tem 7, algo esteve ausente nela?

Quando entramos ela me diz: "Eu sou uma menina que sabe tudo. Se você não sabe algo, me pergunte".

T. – "Vou escrever algumas palavras enquanto conversamos, senão depois não me lembro."

R. – "Eu também sei escrever. Não pense que só você sabe."

T. – "Como é difícil ser uma menina e sentir que precisa ser uma pessoa grande que precisa saber tudo!" (Chama a minha atenção o lugar que ela dá ao saber.)

Acho que logo de cara coloca seu temor de depender de mim, de precisar de mim. Só para esclarecer, sabe tudo o que eu sei e não precisa de mim. Isso me faz lembrar o primeiro encontro.

Então, conto a ela que nos conhecemos quando ela estava com 5 anos, tinha vindo algumas vezes quando morava com a mãe e me contou como sofria com as brigas entre o pai e a mãe. Depois o pai a levou com ele por muito tempo. Ela não viu a mãe todo aquele tempo e agora que está com ela novamente, a mãe a traz para podermos continuar falando sobre as coisas que a fazem e fizeram sofrer.

R. – "Você sabe o que meu pai queria? Quando eu tinha 5 anos, que eu soubesse todo o alfabeto, escrevesse tudo. Quando eu não sabia uma palavra, meu pai me fazia escrevê-la a noite toda, mas nunca me dizia essa palavra. Se eu não soubesse uma determinada palavra, ele me batia na cabeça ou nas costas."

T. – "Que dor! Doía muito?"

R. – "Às vezes tirou sangue dos meus lábios. E me puxou pelo cabelo. Eu não podia dizer nada porque tirava sangue de mim de novo."

T. – "Que dor! E você não podia contar a ninguém porque estava sozinha com ele."

(A essa altura da sessão, eu me perguntava se ela estaria falando comigo a partir de um ego que consegue permanecer bastante integrado, apesar dos abusos sofridos por parte do pai, ou se ela estava me contando tudo isso para se ajustar ao que ela supunha que eu esperava escutar, como precisou fazer com seu pai por muito tempo. Escolhi a primeira opção, já que ela me disse "Eu não podia dizer

nada...". Compreendi que ela se referia ao fato de ter estado em uma espécie de prisão e agora se sentia em um espaço em que podia falar.)

R. – "Eu precisava contar algumas mentirinhas para ele não me bater. Ele não queria que eu ficasse com minha mãe. Ele me obrigou a dizer coisas que eu não queria dizer e tive que dizer."

T. – "Eu sei porque você me disse uma vez, aqui, muito tempo atrás, que a mamãe fazia coisas muito feias com você, mas essas coisas não aconteceram."

R. – "Meu pai me dizia essas coisas e que eu precisava contar para todas as pessoas. Coisas muito feias. Eu queria ficar com a minha mãe."

(Sinto-me comovida com suas palavras. Imagino o sofrimento de estar em um confinamento forçado e não poder falar com a pessoa em quem mais confiava, que era sua mãe, e precisar ocultar todos os seus anseios.)

Eu lhe recordo que ela começou a vir me ver, há um ano e meio, porque sofria muito com as brigas de mamãe e papai, e que talvez agora pudéssemos compreender que mamãe ficava muito brava com coisas que papai queria obrigá-la a fazer, como aconteceu com ela.

R. – "Meu pai fazia minha mãe chorar."

T. – "Você via que o papai fazia coisas com a mamãe que lhe provocavam medo. Ele também lhe provocava medo e você repetia as coisas que ele a obrigava a dizer porque tinha medo."

Ele acena vigorosamente com a cabeça.

R. – (Fala agora com voz baixinha de menina pequena.) "Quando falo do meu pai, fico com muitas lembranças feias."

T. – "Sabe de uma coisa, R.? Papai não consegue perceber que você ama e precisa muito da sua mãe e estar perto dela. E que você é uma menina e precisa muito que a mamãe cuide de você."

Escuta-se um gemido.

R. – "Não gosto de falar do meu pai."

T. – "Vou respeitar você, você não é obrigada a fazer nada. Vamos brincar, desenhar e conversar até onde você puder."

Seu rosto se ilumina, ela está feliz.

R. – "Eu conheço um joguinho muito bom. O enforcado. Vamos jogar?"

(Penso nas sensações corporais pelas quais R. deve ter passado. O enforcado me remete a situações de tortura, a campos de concentração.)

Escreve para que eu adivinhe o nome de uma amiguinha muito querida com quem brincava durante todo o tempo em que não viu a mãe.

Reflexões posteriores

Eu me questiono: que processo psíquico levou R. a obedecer com tanta submissão a seu pai? O que a fazia falar mas com outra voz, diferente, como se com essa diferença de timbre e esse vazio expressivo conseguisse emitir um sinal de que embora as palavras saíssem de sua boca, não era ela quem estava ali? Onde ela esteve durante todo esse tempo em que esteve ausente? O que significava essa voz de menininha que ela recuperou na sessão de reencontro, quando as condições ambientais propiciavam? Que papel sua capacidade teatral, expressiva e simbólica desempenhou em sua sobrevivência?

O que tornou possível que, sob novas condições ambientais (longe de seu pai, em um ambiente em que se sentiu esperada e respeitada), pudesse ser ela novamente? O que, na entrevista de reencontro, possibilitou construir um relato que dava conta de que algo nela permanecera integrado, inteiro e ao mesmo tempo oculto?

A metáfora do conto dos elefantes, em que os dois grandes brigaram tanto que, para se manter vivo, o pequeno fingiu-se de morto, foi a melhor estratégia de sobrevivência que encontrou. Esse conto anunciava como ela precisava "saber" o que fazer para permanecer viva. O saber era então essencial.

É interessante que, no jogo do enforcado, o que salve da forca seja inventar um jeito de descobrir a tempo qual é exatamente a palavra que o outro pensou e dizê-la. Isso sugere que sua estratégia não era apenas repetir o que era obrigada a dizer, mas muitas vezes antecipar-se ao que o pai esperava que ela dissesse.

A necessidade de dependência da criança em relação ao adulto transformou-se aqui em um estado de submissão, escravidão e obediência cega.

R. e o falso self

Donald Winnicott (1993a), trabalhando com o tema do verdadeiro e do falso *self*, nos diz que o ponto de origem do falso *self* é uma defesa contra o impensável, contra a exploração do verdadeiro *self* que resultaria em seu aniquilamento. Quando a criança cresce com uma mãe que não é suficientemente boa, ela é seduzida a ser submissa. Então, um falso *self* complacente reage às demandas ambientais, e a criança parece aceitá-las.

O falso *self* tem uma função muito importante: ocultar o verdadeiro *self*, o que faz submetendo-se às exigências do meio ambiente.

Em exemplos extremos do falso *self*, o verdadeiro *self* está tão bem escondido que não há espontaneidade. A principal característica é a submissão, tendo a imitação como especialidade. O falso *self*, se for bem-sucedido em seu papel, esconde o verdadeiro *self* ou encontra um modo de ele começar a viver, sob certas condições. Isso é o que acontece às vezes durante o tratamento psicanalítico (Rodríguez, 2015). Winnicott argumenta que, em alguns casos, o *self* verdadeiro é reconhecido como potencial e lhe é permitida uma vida secreta. Esse seria o exemplo da doença clínica como organização com finalidade positiva: a preservação do indivíduo apesar das condições ambientais anormais.

Jorge Rodríguez e colaboradores (2017) afirmam: "O falso se estabelece a partir das *reações* às falhas (mais próximo do saudável e normal) e das *intrusões* (próximo do patológico) ambientais. Uma vida falsa é edificada a partir de um padrão de submissão ou adaptação, seja pessoal ou obrigatória, em relação ao meio ambiente".

Podemos pensar que R., ao representar o desmaio, fez referência a algo que estava vivo, mas oculto enquanto não nos vimos. O modo como ela conseguiu referir-se nessa primeira entrevista ao que precisou fazer sob as condições do terror que sentia frente à intrusão de seu pai nos dá o padrão do trabalho de submissão realizado para continuar sendo verdadeiramente ela em algum outro lugar.

Muitas vezes faz comigo brincadeiras de imitação, quando chega à sessão, repetindo como um papagaio tudo o que eu digo no momento do encontro, enquanto subimos no elevador. Penso que esse é um modo de apresentar algo tão doloroso: que estamos ali por tudo que ela sofreu fazendo de conta que se submetia para salvar sua possibilidade de continuar a viver.

Winnicott (1993a) afirma que quando se organiza um falso *self* em um sujeito de elevado potencial intelectual, existe um perigo: a mente experimenta a tendência muito forte de se tornar a sede do falso *self*, caso em que se desenvolve uma dissociação entre a atividade intelectual e a existência psicossomática, como se a mente servisse para fugir de seu ser psicossomático. Nesses casos, é possível observar o sucesso acadêmico enquanto a angústia do sujeito cresce, pois quanto mais sucesso, mais falso ele se sente.

Acho que R. marca esse lugar de seu corpo, a cabeça, como a área de maior sofrimento.

R. e o estado de alienação

Outra autora que nos dá ideias muito importantes para pensar esse problema é Piera Aulagnier (1994). Ela descreve o estado de alienação como um destino do ego e da atividade do pensamento cujo objetivo é tender a um estado sem conflito entre o ego e seus ideais, o que equivale a esperar a abolição de todo conflito entre o ego, seu desejos, e os desejos do ego dos outros investidos por ele, na esperança de assim abolir todas as causas de sofrimento.

O interessante é se perguntar qual é o limite de tudo isso. Piera Aulagnier diz que o estado de alienação é o limite extremo que o ego pode atingir. Se desse mais um passo, isso desembocaria na morte efetiva do pensamento e, por essa razão, de si mesmo.

Mas afirma, ademais, que isso implica um estado de total desconhecimento, por parte do alienado, do acidente ocorrido com seu pensamento. Ela argumenta que a "alienação" é um conceito pensável apenas por um observador externo.

Além disso, esclarece que pode haver dois tipos de motivos que levam a um estado de alienação: motivos subjetivos, que têm a ver com a manutenção das idealizações da imago parental por um ego infantil, e a outra situação possível seria o sujeito estar aprisionado em um sistema social e em um sistema de poder que o impedem de pensar na relação com o poder que o sistema lhe impõe. Pareceria que R. se inscreve nessa segunda possibilidade. Pensar-se escravo, puro instrumento a serviço do outro, sem direito de expressão e de pensamento, seria para o ego uma fonte de sofrimento intolerável. A autora afirma que se algumas pessoas pudessem tolerar essa opressão do poder opondo uma resistência oculta, o sujeito não conseguiria aguentar por muito tempo a luta desigual que isso implica e acabaria tendendo à alienação.

Podemos pensar que R. não atingiu o estado de alienação, visto que foi capaz de manter uma resistência oculta ao sistema de opressão sem ruptura. A metáfora do elefante se fingindo morto para permanecer vivo explica essa resistência no nível de seu pensamento. Ter sido capaz de relatar o horror vivido por um ego que parecia conservar a capacidade de pensar seus próprios pensamentos, na sessão de reencontro, parecia explicar isso.

Conclusões

Estamos diante de uma situação de abuso emocional e sexual por parte do pai. Por acaso pedir a R. para repetir um discurso carregado de significados sexuais não constitui uma intrusão comparável a qualquer outra forma de abuso sexual?

O conteúdo do telefonema do pai, em que ele sugeriu que a mãe fazia R. assistir a filmes pornográficos adquire assim caráter projetivo. O pai é colocado nesse lugar de *voyeur* que observa e relata as relações sexuais entre R. e sua mãe, e coloca a menina na posição de olhar para a sexualidade do pai projetada no relato.

Mas essa cena não se constituiu apenas por um pai abusivo. Além disso, fez falta a mãe frágil que não conseguiu retirar R. das ações violentas do pai, e um terceiro representado pela área da

Justiça, que não conseguiu funcionar, deixando a menina exposta a tanta violência.

A capacidade saudável de R. para desenvolver um falso *self* (mudar a voz, repetir os pensamentos de seu pai) permitiu-lhe manter "oculto" e não morto um *self* verdadeiro e autêntico, que pôde surgir quando cessaram essas condições ambientais adversas.

E o futuro? Dependerá não só de sua análise, mas sobretudo de que as condições de seu ambiente se modifiquem, no sentido de que a mãe possa lhe proporcionar maior proteção contra intrusões, não repetindo relacionamentos com sujeitos perversos, respeitando sua intimidade e sua necessidade de dependência.

A grande capacidade simbólica de R., sua criatividade e sua capacidade artística constituem fatores que projetam um futuro promissor.

Ao final de sua análise, três anos depois, R. me contou que seu pai, quando ela esteve separada de sua mãe após a denúncia, propôs dar-lhe um brinquedo de que ela gostava muito se ela dissesse tudo o que ele mandasse.

5. Intervenções em tratamentos psicológicos

Como o analista trabalha com o traumático?

Diante da multiplicidade de situações de violência dessubjetivante que vivemos hoje, deparamos com sujeitos cada vez mais fragilizados, mais vulneráveis pelo sistema econômico-social, degradados como sujeitos. Políticas que excluem muitas famílias do trabalho e da moradia decentes, do acesso à educação e à saúde, provocam diversos efeitos, entre os quais muitas vezes a impossibilidade de construir condições ambientais propícias para a educação dos filhos. Viver impregnado pelo imediatismo que a autopreservação exige dificulta o adiamento das descargas pulsionais imediatas e de tornar a constituição psíquica mais complexa. Isso se traduz em alguns casos de aumento da violência contra crianças e adolescentes.

Os analistas hoje precisam ter recursos terapêuticos para fazer intervenções que sejam eficazes. Novos desafios iminentes nos aguardam todos os dias. As complexas situações psicossociais que as pessoas que nos consultam vivem tornam necessária a implantação de equipes interdisciplinares e intersetoriais, uma vez que uma única disciplina não consegue abarcá-las.

Um posicionamento que implique manter a abstinência, mas não pretender a neutralidade nas intervenções em situações de profunda violação dos direitos de crianças e adolescentes é uma condição fundamental. A abstinência, expressa no *Vocabulário de psicanálise* de Laplanche e Pontalis (1968) segundo Freud, significa possibilitar que o paciente encontre o mínimo de satisfações substitutivas para seus sintomas. Para o analista, isso implica a norma de não satisfazer as demandas do paciente nem desempenhar os papéis que o paciente tende a lhe impor na realidade.

Fernando Ulloa (1995) concebe a abstinência ao estilo de uma arte marcial, já que não suprime o registro, mas a ação imediata. Ele argumenta que, para o analista, abster-se de expressar sua opinião, o que quer, o que sente, o que acredita, é "algo como um importante 'nicho' ecológico emocional, pronto para abrigar uma próxima ideia ainda impensada. Assim se estrutura o adiamento – do momento emocional – que aguça a empatia clínica".

Portanto, o analista deve abster-se de dirigir o tratamento de acordo com um ideal próprio, e de dar conselhos, *mas não pode ser neutro*. Fernando Ulloa (1995) afirma a esse respeito: "Muitos analistas se preocupam com a difícil e necessária dialética entre a abstinência metodológica (a que permitiu à clínica se desviar dos caminhos médicos e se tornar psicanalítica) e a não neutralidade, ou seja, a não neutralização do sujeito analista, trata-se de uma preocupação basicamente ética".

Isso implica que não é possível deixar de se posicionar para determinar quem causou o sofrimento, como nomear o que fizeram à criança, quem é o responsável, acima de tudo quando o analista elaborar um relatório do qual dependerá a proteção dela. O fundamental é acreditar nela quando as evidências estiverem disponíveis e alojá-la em um ambiente de confiança em relação ao que expressa acerca do seu sofrimento. Sem isso, não há tratamento possível. Trata-se *do compromisso e da implicação do terapeuta* (Caeiro, 2008).

Por outro lado, sabemos há muitos anos que nossa prática psicanalítica não pode sustentar-se apenas na intervenção clássica de tornar o inconsciente consciente. Esse método é apropriado para tratar sintomas neuróticos, quando a pessoa rompeu o vínculo entre o afeto e a representação construindo um sintoma neurótico.

Quando estamos no terreno do trauma, o impacto da materialidade do real inscrito no aparelho psíquico e a impossibilidade de iniciar um trabalho psíquico com o que foi disruptivo para integrá-lo, metabolizá-lo e processá-lo nos têm levado a precisar pensar em formas de abordagem diferentes das clássicas.

Marcelo Viñar (1993, p. 139), psicanalista uruguaio que trabalhou em Montevidéu e Paris com vítimas do terrorismo de Estado, afirma:

> *O analista deve desenvolver uma disponibilidade e uma sensibilidade específicas para reconhecer quando o dizer é uma confissão traumática e repetitiva diferente do trabalho simbólico e elaborativo, bem como quando o silêncio é um refúgio do insuportável a ser acompanhado e quando responde ao isolamento patológico.*

O que acontece depois de um grande trauma? Geralmente não há fantasia (Freud, 1975, em *A interpretação dos sonhos*, de 1900). Há pouca capacidade de vinculação em virtude da quantidade de excitação que arrasou o ego, há restos correspondentes ao real que entrou no aparelho durante o trauma. Esses restos não metabolizados, que chamamos de *signos de percepção* e que, como tais, não podem ser fantasiados, surgem no aparelho como *compulsões* (Laplanche, 1981).

Mas nem todo o ego está sob esses efeitos. Existem diferentes correntes psíquicas: uma corrente em que a simbolização continua funcionando convive com outra dominada pelo trauma, em que a capacidade de ligação está prejudicada.

O relato do abuso na clínica

É preciso diferenciar os modos de presença clínica de elementos psíquicos do traumático (retornos, repetições) da questão dos modos do relato dessa vivência pelo paciente, embora ambas as dimensões acabem sendo ligadas no decorrer do processo analítico.

Para começar, é muito necessário compreender que a narratividade de um evento que entrou de forma abrupta na psique e a desestruturou não necessariamente ocorrerá por meio de palavras. Aqui, todo o corpo é o protagonista principal do relato.

Por meio de gestos, irrupção de emoções, tremores, estado de alerta permanente, incapacidade de articular palavras, choro repentino, palpitações, o corpo fala. Ele sempre fala.

O que pode variar é o posicionamento do analista. Quem está escutando-olhando-sentindo, atento à sua contratransferência, reconhecerá indícios de um sofrimento avassalador. Quem apenas esperasse pelas palavras do relato verbal poderia não as encontrar.

Alejandro Vainer (2010), ao falar da contratransferência, afirma: "São elementos da subjetividade do analista que, no encontro clínico, transformam-se em contratransferência. Por isso, não podemos pensar na contratransferência apenas como 'reações' do analista, conforme proposto pelas definições. A ideia de 'reação' ou 'resposta' pressupõe um analista espelho, não um analista cuja subjetividade está sempre em jogo".

No trauma, quase sempre o acontecimento não pode ser recuperado em forma de lembrança ou evocação. Vem, invade e instala-se sem que o ego possa fazer algo para impedi-lo. O pensamento fica aprisionado e a psique funciona tentando expulsar imediatamente esse algo alheio e irritante.

Incapacidade de algumas crianças de relatar os acontecimentos do abuso no tratamento

Muitos tratamentos de crianças ocorrem sem que a criança fale, em todo o seu transcurso, sobre os acontecimentos do abuso, sem que ela os relate ao analista. A quantidade de dor que implicaria nomear o que lhe fizeram e o que ela não conseguiu evitar que lhe fizessem não é tolerável. Além disso, como efeito do trauma, o ego da criança costuma estar desorganizado se a consulta se realizar em um momento muito próximo. Se passar muito tempo, pode acontecer de as defesas operarem de maneira que o evento fique cindido e encapsulado, e não haja qualquer lembrança.

Essas são as oscilações em meio às quais precisamos nos mover. Areia movediça com vivências que submergem e desaparecem de toda memória e registro. Mesmo que não fosse assim, o ego muitas vezes não poderia ser testemunha e narrador de sua própria vitimização se não encontrasse uma forma de transformá-la em ficção. E é aí onde precisa da ajuda ou da complementação do analista.

O relato é uma sistematização e requer uma sequência lógica que, muitas vezes, não está em vigor após o trauma e pode ser alcançada após seu processamento.

Narrar o trauma não consiste em relatar os acontecimentos, mas implica ter realizado algum trabalho de apropriação do ocorrido por parte do ego, compreendendo o lugar que essas vivências tiveram na própria história, ou seja, ter transformado as vivências em experiências.

Mariana Wikinski (2016) diz: "No ato de narrar o traumático, entra em jogo sua representabilidade. Para que o traço que o traumático deixou no aparelho psíquico se torne uma representação, para que essa representação seja captada pelo sujeito falante, para que se transforme em discurso que signifique o vivido e também se torne um elemento discursivo dirigido ao outro, o traumático deve passar por um profundo trabalho de transformação" (p. 65).

O relato dos acontecimentos pelo próprio sujeito não costuma ser um ponto de partida, mas um ponto de chegada, que às vezes é alcançado e às vezes não, durante o tratamento.

Diferentes etapas em relação à possibilidade de lembrar e relatar

1) O que muitas vezes observamos num primeiro momento após o sucedido é o *relato como descarga*. O ego do sujeito (que é quem relata) foi impactado. Geralmente é uma história desorganizada.

Podemos ver dramaticamente como os sinais de percepção aparecem no meio do relato, que parecem tirar sua coerência. Costumamos ver a menina muito desorganizada. Imagens, sensações, o que foi visto na situação traumática vão se tornando presentes a ela. Se não tivermos uma teoria para poder dar articulação a isso, podemos errar e diagnosticar uma psicose.

2) Muitas vezes, logo ocorre *a retratação*,[1] negação que só confirma que o relatado aconteceu. Essa etapa é muito habitual. As crianças começam a registrar que sua história ocasionou a explosão de diferentes situações conflituosas ao seu redor, sentem-se culpadas e se retratam. Muitas vezes são responsabilizadas por outras pessoas do ambiente familiar, o que se soma à sua culpabilidade por suas pulsões. Essa negação apenas confirma que isso aconteceu e elas gostariam que não tivesse acontecido.

> *Junto com a raiva e o desprezo que motivaram a confissão, existem sentimentos subjacentes de culpa por denunciar um parente ou pessoa amada e por não cumprir o mandato de manter a família unida. Os menores também podem sentir que todas as ameaças feitas pelo agressor estão sendo cumpridas. Nessa fase a criança necessita de maior contenção da Justiça – chame-se juízes, promotores, conselheiros de menores, advogados, órgãos institucionais, médicos, psicólogos, entre outros –, de seus pais e demais familiares e de um ambiente continente para não vacilar e sustentar o que relataram. Portanto, a menos que a criança receba apoio substancial perante sua denúncia, ela geralmente se retrata. (Monteleone, 2016)*

3) Quando a criança começa a organizar defesas intrapsíquicas, ela pode chegar *a parar de relatá-lo*, porque não se lembra. Ali funciona o *recalque* como defesa. Não há memória.

---

1 A retratação constitui uma das etapas que Ronald Summit narra, no que chamou de "teoria da adaptação" ou "teoria da acomodação", por parte de uma criança após ter sofrido abuso. São cinco etapas: o segredo, a desproteção, a acomodação, a revelação tardia e a retratação.

Em outros casos, acontece o funcionamento de outra defesa mais extrema frente à natureza intolerável do trauma: *a cisão do ego*. O ego corta completamente os laços com a vivência traumática, que fica totalmente encapsulada e dissociada. O sujeito não tem qualquer registro do que aconteceu com ele, até que em algum momento pode aparecer, geralmente irrompendo, em alguma circunstância da vida. Mas nem sempre isso reaparece.

M. era uma jovem de 28 anos quando deu à luz seu primeiro filho. Durante o parto, de repente, sentiu a estranha sensação de que algo havia acontecido com ela em sua infância que, até então, nunca havia lembrado e se relacionava a ter vivido uma situação de abuso. Quando contou aos pais, o pai respondeu: "Quando você tinha 13 anos e seus seios cresceram, era impossível não os tocar".

Maneiras de relatar, dizer e contar o trauma do abuso sexual

Felizmente, há muitos casos em que crianças ou adolescentes podem relatar, dizer ou contar acerca dos acontecimentos que causaram o trauma, e podem até falar ou contar em linguagem corporal como o ego foi afetado. Às vezes não no início, mas no decorrer da análise ou tratamento, ou no final.

Mariana Wikinski (2016) afirma:

> *Quando me refiro ao traumático como aquilo que é difícil de expressar em palavras – como tantas vezes foi dito – de maneira nenhuma estou aderindo à ideia de que o trauma e seus efeitos não podem ser transcritos em palavras. Justamente o contrário. Considero que o trauma e sua narração constroem sua relação em torno do termo*

> *exigibilidade. A exigibilidade do trauma, que nunca é mudo, sempre produz manifestações: sintomáticas ou de linguagem, manifestas ou veladas. Essa exigibilidade então recai sobre a narrativa, que deve representar algo do que foi vivenciado de forma traumática . . .*
>
> *A impossibilidade de calar não produz necessariamente um relato do traumático, mas um ato de descarga catártica sem qualquer metabolização. E a simples possibilidade de contar às vezes nada mais é que o relato desafetado do que aconteceu, sem a implicação de quem o viveu. (pp. 53-55)*

Adriana Franco (em Pereira França, 2017, Cap. 5) levanta:

> *As situações traumatogênicas parecem lembranças quando contadas, mas como não podem ligar afeto e representação, produzem uma sensação de vazio e não podem ser processadas como lembranças. Faz parte dos objetivos a serem alcançados no trabalho psicanalítico que essas cenas possam ser transformadas em lembranças dolorosas e depois reprimidas.*

Em uma pesquisa qualitativa que realizamos, registramos ao menos quatro modalidades diferentes que aparecem na clínica com adolescentes que vivenciaram abuso sexual na infância.[2]

2 Tkach, Carlos; Franco, Adriana Noemí; Gómez, Valeria; Toporosi, Susana; Camelos, Julieta; Woloski, Elena Graciela; Pucci, María Victoria; Rachkovan, Ivana; Germade, Agustina; Peñaloza, Nancy; Santi, Gabriela. "Apropiación subjetiva de la sexualidad genital en adolescentes que han sido abusados sexualmente en la infancia". Escola de Psicologia da UBA, UBACyT, Buenos Aires, 2011 a 2013.

Contar os eventos sob a forma de catarse

Sua função seria a descarga de uma quantidade excessiva que inunda o ego, podendo ser um contar com afeto comprometido. Pode ser um momento inicial importante no processamento do traumático, e não uma catarse carente de sentido metabólico.

L., de 13 anos, é encaminhada para um serviço local de promoção e proteção dos direitos de meninas, meninos e adolescentes por uma Unidade Funcional de Investigação. Junto com o boletim de ocorrência, é solicitada a intervenção por violação de direitos, tendo a jovem sofrido toques por parte do seu pai biológico durante a puberdade e sido obrigada a praticar atos masturbatórios.

Na primeira entrevista, a terapeuta perguntou se ela sabia por que estava vindo e ela respondeu: "Sim, por causa do meu pai, mas não estou com vontade de falar sobre isso agora".

Somente na sexta entrevista L. chega e expressa a necessidade de falar dos abusos do pai em casa (essa entrevista acontece depois que o pai é libertado da prisão e é aplicada uma medida de proteção à jovem púbere, que ficará com a avó).

"Agora sinto que posso e preciso falar disso. Uma das vezes, um mês atrás, era sábado, meus irmãos tinham saído, minha mãe também e eu fiquei sozinha em casa com meu pai. Eu saía do banho e me enxuguei na parte separada do meu quarto, depois meu pai chegou e me disse que eu era tão bonita, que ia ser dele, aí ele se jogou em cima de mim e me tocou toda, os seios por baixo do sutiã e a coisa dele por cima da minha calcinha, isso aconteceu quando eu estava sentada na minha cama me enxugando e ele se jogou em cima de mim com força porque ele é muito gordo e eu não consegui fugir. Depois disso, consegui tirá-lo de cima de mim puxando os pelos de seu peito. Que nojo me dá, como o odeio".

Faz-se um silêncio, L. está com muita raiva ao relatar o acontecido. "O pior foi outro dia, minha irmã de 2 anos estava dormindo e ele também me chama para a cama do meu irmão, que é um beliche; ele estava embaixo e me disse: 'vem meu amor', e eu fui para que ele parasse de me foder porque eu já estava cansada, ele me pediu para tocar sua coisa nojenta e peluda, começou a ficar duro e saiu algo, um líquido, que em biologia eles chamam de ejaculação. Toquei com minhas mãos, fiz porque senão não me deixava sair". Ela chora muito angustiada.

No final da entrevista, diz com um suspiro: "Agora sinto que tirei um peso de cima de mim e este nó que tinha na garganta há muito tempo e mais quando vinha aqui, mas não me atrevia a contar, me dava vergonha, nojo".

Contar fazendo uma ligação com algo atual

Momentos do tratamento em que uma situação traumática é relatada e se relaciona com um sofrimento atual.

Enquanto tentava explicar por que sentiu tanta rejeição por seu parceiro quando ele propôs certa forma de encontro sexual, uma paciente disse a seu terapeuta: "Não sei bem por que, mas o que me lembro é que essa era a maneira como meu irmão me tocava à noite enquanto eu dormia. Nunca contei aos meus pais, contei à minha irmã pois algo semelhante estava acontecendo com ela. Não sei se tem a ver, mas me dá muita rejeição. Não o suporto. Sei que não tem nada de errado, mas nunca vou gostar, essa parte do corpo e esse jeito de tocar eu não suporto".

Contar os eventos de forma desafetada

É um contar em que os fatos são coisas, e o sujeito está distante dessas coisas, como se não fizessem parte de sua biografia e de seu sofrimento. Nesses casos, vemos que muitas vezes prevalece um modo dissociado. São sequências desligadas do tecido vital, não são vivências das quais o ego se apropriou, transformando-as em experiências.

M. é uma adolescente de 17 anos que mora em um lar de convivência para crianças e adolescentes em risco psicossocial. Ela passou a residir ali aos 10 anos de idade, privada de cuidados parentais em virtude da detecção de uma situação de abuso sexual intrafamiliar contra a menina por um meio-irmão. Na primeira entrevista de tratamento, M. conta que mora em um lar. Diante da pergunta da terapeuta sobre com quem mora ali, ela responde sem que se observe nenhum sinal de angústia: "Com todos, há oito anos. Porque quando eu era mais nova meu meio-irmão abusou de mim. Eu tinha 8 anos e ele 24. Isso me fez perder a confiança. Tudo começou na direção do colégio, me levaram até a direção e disseram que iam me transferir para um instituto. Não sei como descobriram, eu não queria ir para um instituto".

Contar de forma compulsiva

Trata-se de contar de forma repetitiva, como se um trecho da experiência traumática fosse encenado sem transformação entre o momento inicial e o atual. Uma repetição compulsiva por meio da palavra. Essa repetição é uma tentativa de repetir novamente com a expectativa de processá-la. Se essa reiteração acontecesse no interior de um tratamento, em transferência com o analista, poderia iniciar-se um trabalho de elaboração e a repetição compulsiva poderia ser interrompida.

A mãe de uma paciente conta que quando sua filha tinha 4 anos, sofreu abuso sexual pelo companheiro da mãe. Após alguns meses de o fato ser descoberto e ser relatado pela menina, a mãe diz que não sabia o que fazer pois a menina ficava contando todo o tempo o que havia acontecido com ela. Uma vez ela contou isso no ponto de ônibus para um homem que estava lá esperando, ao lado dela e de sua mãe.

Poderíamos pensar que nos dois primeiros tipos de história há o início de um processo de elaboração e vinculação. Na terceira e na quarta modalidades de relato, ainda não se iniciou nenhum processo.

Como o analista de crianças e adolescentes pode intervir diante do traumático nos tratamentos?

Como se reconstitui esse ego com uma corrente psíquica permeada pelo trauma, que não consegue lembrar e esquecer para voltar a lembrar, que não consegue relatar, e que talvez tenha feito o encapsulamento das vivências traumáticas? Como o analista pode intervir nesses casos para facilitar o início e a manutenção do processamento? Existe alguma especificidade?

Donald Winnicott, trabalhando principalmente com pacientes que chamou de esquizoides, enfocou situações clínicas em que predominava a dissociação, e não o recalque, como mecanismo defensivo, sendo um autor que pode contribuir muito para se pensar esse tipo de intervenção.

Irene Intebi (2011), trabalhando com casos de abuso sexual, considera a dissociação como "um processo psicofisiológico complexo que produz uma alteração no estado de consciência". Durante o processo, os pensamentos, os sentimentos e as experiências não são integrados à consciência nem à memória do indivíduo. Um fenômeno dissociativo é sempre acompanhado por duas características: a) a perda do sentido da própria identidade e b) um transtorno de memória que pode se manifestar como amnésia diante dos acontecimentos vividos.

Se o tratamento for iniciado alguns anos após o trauma, esse ego pode ter mais ferramentas próprias que ainda não possuía durante os acontecimentos traumáticos. Maior capacidade associativa, um princípio de realidade mais constituído e mais capacidade de processar ansiedades.

Poderíamos dizer que esse ego, para se reconstituir, vai exigir um vínculo com outra pessoa que possa complementá-lo. O analista funcionará como uma matriz auxiliar de processamento para o ego desorganizado da criança. Por meio desse espaço do "entre a criança e o analista", a criança processará o que foi cindido para reintegrá-lo paulatinamente ao seu funcionamento psíquico.

Como esse processo ocorrerá?

O analista oferece sua disponibilidade desde o início, um vínculo receptivo com a criança. Isso vale muito. Implica disponibilidade emocional, capacidade de se identificar com o outro, capacidade de esperar, atitude de não julgar nem rejeitar. Ela a acolhe, está presente com sua atenção flutuante. Porta-se como um pescador que atira a vara e fica à espera de que morda.

De repente aparece algo que a criança traz, e o analista é capaz de pescá-lo, como se o peixe tivesse mordido o anzol. Uma vez pescado, que manobra é possível fazer para transformar o que a impactou em algo que a criança pode metabolizar? Se você fizer imediatamente uma interpretação direcionada ao ego, certamente arruinará essa oportunidade preciosa que acaba de se apresentar. Algo terá de ser feito para ajudar a *transformá-lo em ficção*. Incluí-lo em alguma forma de transformação, como uma brincadeira, que permita continuar sem cortar o clima e a oportunidade aberta de simbolização.

Jorge Rodríguez (2015), a respeito do *brincar*, nos diz:

> *É uma experiência do inesperado e do imprevisível. Se a angústia é espera e preparação para o inesperado, a brincadeira é uma de suas reversões. Deste ponto de vista, o jogo é um lugar de surpresa. . . . Trata-se de desdobrar, abrigar, conter essa experiência, que começa, se desenvolve e termina. É uma experiência completa. (p. 139)*

Durante o momento do traumatismo, o ego da criança está arrasado. Não é o mesmo ego que entrará no consultório após um tempo. A *experiência de domínio do objeto por manipulação*, por meio de uma ação *onipotente* na cena, ao brincar, lhe permitirá ir realizando um trabalho de processamento. O que significa a *experiência de domínio por manipulação* para Donald Winnicott? Que a criança lhe dará a forma que ela precisa a partir de seu mundo interno para que algo disso que era inominável, inegável, tome alguma forma possível que lhe permita transformá-lo em algo associável, elaborável e metabolizável. Vejamos em um caso clínico.

T., 11 anos

T. mora em um lar-abrigo com seus irmãos mais novos. Ela foi abusada por seu pai e vítima de outras negligências graves por parte de seus pais. A mãe, incapaz de suportar as agressões do companheiro, foi embora quando a filha mais nova tinha 1 ano e deixou os quatro filhos com o pai. T., a filha mais velha, precisou cuidar dos irmãos e sofreu abuso do pai. A esse respeito, nas primeiras sessões, ela diz: "Não tenho vontade de falar por que estou no lar-abrigo. Eu te conto outro dia".

Diferentes correntes psíquicas estavam vigentes nela. Parte da experiência traumática havia sido reprimida e podia ser reconhecida pelo surgimento dos sintomas. Um deles era seu medo de agulhas, que não lhe permitia ser vacinada. É possível ver um conflito neurótico entre suas pulsões sádicas e a proibição projetada a partir do seu superego.

A partir de outra corrente psíquica encontramos aspectos que foram dissociados e divididos.

Numa sessão dois meses após o início do tratamento, depois de um tempo do início da sessão, fala de um menino da escola de quem ela gostava. Fiz um barco de papel para ela colocar as mensagens que me contou que queria enviar para ele.

Nos últimos minutos da sessão, diz-me de repente: "Que dedos grandes você tem nos pés! Eu vou arrancá-los! Os dos pés e os das mãos!". Agarra minhas mãos e começa a fazer força de maneira que eu sinto que vai dobrar meus dedos enquanto grita: "Vou arrancá-los!", e ri com muito sadismo.

Tento transformar isso em brincadeira. Eu digo: "Oh! Estou com muito medo! Tem uma bruxa má que quer arrancar meus dedos! Me dá muito medo!".

Quando sinto que ela pode me machucar gravemente, baixo o volume da minha voz para marcar que nesse momento saio da brincadeira e digo: "Podemos brincar, mas você não pode se machucar, nem me machucar, nem quebrar o consultório".

O nível de realidade crua, como se isso fizesse parte de outra cena que surgia intacta no presente, "fez em mim um signo", ou seja, despertou em mim a sensação de que pertencia a algo visto e ouvido em uma situação traumática vivida por ela.

Qualquer tentativa de vincular esses indícios formulando uma construção transitória naquele momento não teria sido tolerada e teria interrompido a possibilidade de desenvolvimento.

Voltamos à brincadeira da bruxa e da menina que estava muito assustada, oferecendo-me para entrar em contato com o medo dela por meu intermédio. Ela deu forma ao jogo para o qual a convidei.

Continuou a brincadeira da menina assustada, sem me machucar. Então a bruxa ameaçava me prender agitando as mãos no ar, com um rosto muito agressivo, e eu me assustava muito.

Ela havia começado a gostar muito do que fazia, e percebi que se iniciara uma experiência de onipotência.[3] *Em nenhum momento a detive, e sim sustentei o clima de terror que prevalecia, sabendo que, enquanto conseguisse tolerar, era melhor não o interromper.*

Quando chegou a hora de terminar, e em meio a esse clima em que ela desfrutava da brincadeira de me submeter e eu aguentava,

---

3 Tagle (2016), no capítulo 1, afirma: "Winnicott considera tanto a *experiência de onipotência* presente no *domínio mágico* do objeto no narcisismo primário como a *experiência de onipotência* do domínio do objeto por *manejo* que se dá no espaço transicional do brincar indispensáveis para a constituição, o desenvolvimento e o fortalecimento do ego. Não é defensiva nem patológica, mas estruturante, e ocorre em um vínculo de *dependência* que, no caso de *domínio por manejo*, é uma *dependência relativa*, isto é, reconhecida como tal. Por sua vez, a função da onipotência patológica, que é defensiva, é negar a dependência. Quando uma criança manipula as regras de um jogo, e o terapeuta considera isso parte da ficção do brincar na sessão, o paciente percebe que há outra pessoa dando sustentação e acompanhando sua regulação espontânea da angústia, portanto, vive uma *experiência de onipotência* em estado de *ilusão*".

avisei que a sessão tinha terminado e lhe disse: "Está na hora, por hoje terminamos".

Ela parou imediatamente. Despedimo-nos, ela me deu um abraço muito carinhoso e foi embora.

O que aconteceu ali? Demorou um tempo até ela confiar que eu poderia acolher sua agressividade e seu sadismo. O que estava cindido, como geralmente acontece, irrompeu. Adentrava agora o consultório. Certamente, quando ela viveu cenas com seus pais nas quais foi vítima de sadismo e sentiu terror, seu ego sentiu-se oprimido e explodiu. Quando essas experiências traumáticas e cindidas irrompem no consultório, elas o fazem em novas condições ambientais. A transferência já instalada oferece um ambiente de confiança para ser acolhida, e não julgada, que a experiência traumática com seus objetos originais não teve.

Quando os conteúdos traumáticos cindidos irrompem no consultório, seu ego, contudo, não consegue lidar com eles. Eles se impõem. À medida que o ego está mais confiante, mais relaxado, em um clima de confiança devido à transferência, ele se torna mais permeável. Esse ego domina a cena no consultório e por meio da brincadeira, no *manejo por manipulação* que Winnicott chama de *experiência de onipotência*, pode começar a integrar o que estava dissociado, vivendo a experiência da agressão e do terror na brincadeira.

Como se faz? Por meu intermédio. Eu aceito o que irrompeu e o incluo na brincadeira. Por meu intermédio, que recebo, dou forma e não rejeito, ela pode começar a vivenciar e integrar, fazendo contato com o que a apavora.

O fato de eu ter garantido a ela que era uma brincadeira em que eu lidaria com os limites e as arestas da realidade a tranquilizou e permitiu que ela experimentasse ser sádica e me dominar.

Enquadre e experiência de onipotência

Quando Donald Winnicott (1993a) fala de *experiência de onipotência*,[4] não se refere a uma defesa patológica, mas, ao contrário, a uma etapa essencial com efeitos estruturantes, que consiste em o bebê ter a possibilidade de sentir que é ele quem cria o que, na realidade, lhe é dado por alguém, que está disponível para esse bebê. Quando ocorre uma falha ambiental na criação dos filhos, uma vez que não há ninguém disponível para permitir que o bebê viva essa experiência inicial, isso permanece como uma dívida que deixará rastros na psique. Isso que é tão importante para a constituição do narcisismo não terá acontecido.

T., à medida que a transferência se instala e quando irrompe na sessão algo cindido, vê a oportunidade de desenvolver na brincadeira uma situação em que é ela quem domina a cena. Por intermédio da personagem da bruxa e do poder que exerce sobre a menina assustada, ela começa a viver uma experiência que será muito importante que ela complete, sem interrompê-la.

Jorge Rodríguez (2015) explica que Winnicott considera o que chamamos de brincar não só uma expressão de *fantasias ou desejos*, não apenas um modo de *transformar em ativo o passivo*, mas uma *experiência*. Em seguida, ele acrescentará que todo paciente deve ser capaz de brincar antes de se oferecer a ele uma interpretação. "Se a pessoa não consegue brincar, não se deve basear seu tratamento em interpretações, mas possibilitar-lhe, mediante qualidades ambientais, esse movimento do não brincar ao brincar".

---

4 Winnicott (1993a, Cap. 17) diz: "Nessa etapa inicial, o ambiente facilitador proporciona ao bebê a experiência da onipotência. Por isso entendo mais que controle mágico, compreendo que a expressão inclui os aspectos criativos da experiência. A adaptação ao princípio de realidade ocorre naturalmente a partir da experiência de onipotência, ou seja, no âmbito de uma relação com objetos subjetivos".

Voltando a T., o que não pôde ser vivido com seus objetos primários, e que tem uma função constitutiva tão importante, como a *experiência de onipotência*, estava em andamento durante o tratamento. Mas também o que ficou cindido pelo trauma entrou na sessão naquele momento em busca de processamento e integração.

Qual é a minha função como analista nesse momento?

Sustentar, possibilitar, não interromper um processo que está apenas começando.

Winnicott (1993a) nos avisa:

> *Às vezes o analista precisa esperar muito tempo . . . é provável que a confiabilidade do analista seja o fator mais importante (ou mais importante que as interpretações), porque o paciente não a vivenciou no cuidado materno da infância e, para poder fazer uso dela, precisará encontrá-la pela primeira vez no comportamento do analista. (p. 48)*

Mas, além disso, o analista precisará garantir a guarda dos limites do enquadre. Isso implica muito claramente que a marcação do horário de início e término da sessão não faz parte da brincadeira, mas da realidade, e é tarefa do analista. Assim, pelos limites, por meio do enquadre, o princípio de realidade entra na psique do paciente (Tagle, 2016).

Por outro lado, em tudo o que diz respeito ao conteúdo da sessão, é a criança quem dita os ritmos.

Quando T. sai da sessão depois que a avisei que era hora de terminar, ela o faz com calma, aceitando o limite da realidade.

Por que não interpretar ainda?

Winnicott (1993a) nos diz:

> *Na psicanálise como a conhecemos, não há qualquer trauma à margem da onipotência do indivíduo. Tudo finalmente cai sob o controle do ego e, portanto, relaciona-se com os processos secundários. Não ajuda o paciente o analista lhe dizer "sua mãe não foi suficientemente boa", "na realidade seu pai a seduziu" ou "sua tia a abandonou". Em uma análise se produzem mudanças quando os fatores traumáticos entram no material psicanalítico à maneira do paciente e no cerne da onipotência do paciente. As interpretações que produzem mudanças são as que podem fazer-se em termos de projeção . . . O analista está preparado para aguardar até encontrar-se em condições de fazer exatamente este tipo de trabalho. (p. 47)*

O que teria acontecido se eu lhe tivesse dado uma interpretação verbal quando ela quis arrancar meus dedos? Provavelmente teria resistido, e se teria interrompido esse momento precioso, que dá ao analista a oportunidade de vê-la capturada pelo traumático, de acessar justamente o que está cindido e ao qual é tão difícil chegar por meio da palavra ou do relato. *Frequentemente, as resistências vêm do analista quando ele não consegue suportar, no sentido de ser o suporte, o surgimento do cindido e o rejeita.*

Podemos dizer que houve uma projeção massiva de T. de algo que reivindicava processamento. Se eu me apressasse para provocar uma introjeção ao conversar com ela sobre suas experiências ligadas ao sadismo de seus pais, por exemplo, poderia haver diferentes destinos, mas certamente nenhum iria para o processamento.

Nesse momento, trata-se de conter a projeção. Ao representar o susto da menina, funciono como um ego que a complementa, diante do seu ego oprimido. *Para poder processá-lo, seu ego precisa aproximar-se paulatinamente do traumático, até ficar a uma distância em que não o rejeite e lhe seja possível integrá-lo.*

Trata-se de descobrir como, com cada criança, entrar em um mundo de ilusão que permita o contato emocional com ela e possibilite as transformações que a análise pode propiciar, e que só se produzem nesse estado particular de ilusão que se instala quando ocorre o que chamamos de *transferência*.

Simbolizações de transição

Penso que como último passo, às vezes, é possível chegar às simbolizações de transição de que fala Silvia Bleichmar, uma proposta do analista à criança que lhe permita terminar de constituir, com o que não estava disponível porque estava cindido, uma construção simbolizante que proporcione novos significados para a sua história.

Durante os seis meses seguintes do tratamento de T., ela propôs uma brincadeira que se prolongou de sessão a sessão. Ela era alternadamente a diretora de um lar-abrigo e a psicóloga, e atribuiu a mim o papel de mãe dos filhos internados, que havia descuidado de seus filhos e, por isso, eles estavam no lar-abrigo. Como diretora do lar-abrigo, ela regulamentava a aproximação dessa mãe aos filhos. Supervisionava como eles se sentiam após a visita da mamãe e muitas vezes não a deixava entrar.

Um processamento de sua história tão dolorosa se realizava por meio das dramatizações, com o libreto das cenas dramáticas que ela propunha. Poderíamos dizer que por meio dessa brincadeira que durou vários meses, todas as vivências com seus afetos, tão traumáticas para seu ego infantil, estavam agora muito mais próximas da possibilidade de constituir uma construção verbal simbolizante.

Gostaria de enfatizar que todo esse trabalho realizado no brincar também acontece usando palavras, e é extremamente valioso como processo de simbolização. É importante que o analista meça as consequências de interrompê-lo com interpretações ou construções às quais se for possível chegar será muito melhor, mas se não for possível porque a criança não tolera, não é aconselhável forçar.

Na terapia de grupo iniciada após dois anos de tratamento individual, ela foi capaz de relatar em palavras que seu pai havia abusado dela.

Por que não estamos diante de uma repetição ao estilo da identificação com o agressor?

Uma das consequências mais graves descritas como efeito do trauma que causa a cisão do ego é a identificação com o agressor. No Capítulo 1, apresenta-se o que Cassandra Pereira França (2005) propõe acerca desse problema, trabalhando também com crianças e adolescentes que sofreram abuso sexual.

A partir do trabalhado com T., estamos em condições de discriminar quando se trata de repetição por identificação com o agressor e quando essa repetição, em busca de processamento, detém-se para dar início ao trabalho de elaboração.

Por que devemos considerar que T. não está repetindo como identificação com o agressor quando quer arrancar meus dedos?

No começo, quando o cindido entra no consultório, é uma repetição.

Quando eu o transformo em um brincar e T. o pega e inclui no jogo, *a repetição deixa de acontecer na realidade para começar a acontecer na ficção do brincar transferencial*, comigo como analista guardando os limites da realidade. Esse jogo começa a se desenrolar e continuará por vários meses.

A repetição seria manter vigente a situação do ego oprimido. O ego de T., ao abrir espaço para o traumático inominável na sessão, dispõe-se a aproximar-se dele cada vez mais até colocá-lo ao alcance de suas possibilidades de entrelaçá-lo com sua história, na qual se sentiu invadida pelo sadismo dos adultos de seu ambiente familiar.

A meu ver, esse é o trabalho que o ego da criança precisa realizar para não repetir compulsivamente ou permanecer cristalizado na identificação com o agressor, que poderia levá-la a uma constituição psíquica perversa.

Diferenças entre o recalcado e o cindido na clínica

O *recalcado* nunca aparece diretamente, mas por meio de seus representantes, sob o efeito de mecanismos de deslocamento e condensação. Assim, podemos acessar o recalcado por meio de um sintoma. A interpretação pode desarmar o falso vínculo e permitir acesso ao que o sujeito recalcou.

O *cindido*, ao contrário, é um mecanismo que opera no ego da criança, cuja capacidade foi excedida. Ameaça aparecer todo o tempo, e se isso acontece, ocorre de maneira disruptiva. "Ataca" de maneira inesperada. Irrompe em alguma circunstância da vida, às vezes na sessão, sendo essa uma oportunidade muito valiosa.

6. Abuso sexual: testemunho oral de uma psicanalista em um julgamento[1]

Este é o relato vivencial de um julgamento no qual, como psicoterapeuta de uma adolescente de 16 anos que sofreu abuso sexual de seu pai biológico, membro das Forças de Segurança, durante nove anos, participei como testemunha na sustentação oral.

O principal motivo que me levou a escrever esta experiência, ocorrida há vários anos, é a esperança de contribuir para o questionamento de um dos mitos que circulam, também entre muitos profissionais da saúde, de que a única evidência válida em um julgamento é o achado físico de consumação do estupro.

Mariana Wikinski (2016), trabalhando nos depoimentos perante os tribunais de vítimas em situações extremas, de terrorismo de Estado, diz que, seguindo Paul Ricoeur, a testemunha costuma dizer

1 Este capítulo baseia-se em trabalho publicado na Revista do Hospital de Niños de Buenos Aires, volume 40, março de 1998; e em artigo publicado na *Revista Topía*, Buenos Aires, março de 1999.

três coisas: "*eu estive ali*"; "*acredite em mim*"; e "*se você não acredita em mim, pergunte a outra pessoa*".

Então ela se pergunta: "O que acontece com a necessidade de prestar testemunho quando só pode ser desenvolvido em termos de seus dois primeiros princípios?".

Isso também corresponderia a quem sofreu abuso sexual, uma vez que não tinha outro como testemunha, e coloca a questão de nossa responsabilidade subjetiva em relação ao outro e de nossa ética como analistas.

Mariana Wikinski acrescenta que nessas situações extremas, durante todo o tempo em que não existiam canais legais abertos, o único lugar em que o testemunho era escutado e em que sua veracidade não era colocada em dúvida era o espaço com o analista.

O testemunho do analista, em um julgamento de abuso sexual, passa a ter um valor ético fundamental.

Uma psicanalista como testemunha em um julgamento

O que acontece quando um psicanalista é convocado para testemunhar em tribunal?

A participação do analista em um julgamento como testemunha o coloca diante de várias questões. Entre elas:

1) A substituição do sigilo profissional. Aquilo que na intimidade da análise constituiria uma atuação do analista (o relato público da privacidade do paciente), neste caso, tem características diferentes: está a serviço de ideais de justiça e cuidado com a vida e a integridade mental do paciente.

É importante discutir isso de antemão com o paciente. Neste caso, havia o compromisso de não expor nada que não fosse necessário para expressar minhas impressões de analista. Geralmente, o tribunal não consulta a paciente acerca da sua concordância com o que sua terapeuta declare como testemunha. No caso desta paciente, ela manifestou seu interesse de que eu fizesse isso.

2) A intervenção sobre a vida real do paciente, já que o analista, com seu depoimento, poderia colaborar para a decisão do juiz de prender o pai.

Algumas pacientes sentem-se ambivalentes a respeito de denunciar a situação de abuso, não apenas em virtude de suas próprias fantasias e desejos que a deixam culpada, mas também porque essa pode ser a causa de deixarem de ver o pai, de quem sentem ter recebido, juntamente com o abuso, atenção e afeto.

Na maioria das vezes, acontece de sentirem que estariam rompendo um ideal de união familiar, sentindo-se responsáveis por rompê-lo e não conseguindo registrar que foi obra do pai.

O medo da vingança quase sempre também aparece e o pai se transforma, a partir do momento da denúncia, em um perseguidor que se vingará quando for libertado da prisão. O analista poderia ser quem colaborou para que tudo isso acontecesse, gerando uma situação transferencial difícil após o julgamento, o que poderia colocar em risco a continuidade do tratamento.

3) Reconhecer o risco da realidade familiar do paciente. A denúncia abre a possibilidade de que o direito social funcione onde a lei simbólica da proibição do incesto não surtiu efeito; mas sabemos que a exclusão paterna da casa, a proibição de se aproximar da adolescente que hoje opera e a sua permanência na prisão não garantem de forma alguma que ele fará um tratamento psicoterápico que o ajude a rever todo o ocorrido em sua paternidade, para retornar em

condições diferentes após a prisão. Isso implica ter em mente que o ambiente familiar da adolescente pode continuar sendo arriscado e ameaçador, independentemente de suas mudanças subjetivas.

4) Muitas vezes, como neste caso, a paciente deseja manter em segredo diante do pai o comparecimento ao tratamento, junto com outras informações como endereço e telefone, pois se sente amedrontada por ter feito a denúncia.

Por parte do analista, isso implica assumir uma posição que mostra não haver neutralidade possível. Se o analista não respeitasse o pedido da adolescente de nada informar ao pai, não haveria transferência nem tratamento possível.

O julgamento

Um ano e quatro meses após a prisão do pai, realizou-se o julgamento oral, para o qual fui intimada a depor como testemunha de F. Diante de um tribunal com três juízes, fui interrogada pela juíza que presidia o tribunal.

Em um recinto em que se encontravam também o promotor, a defesa do pai e outros observadores que, felizmente para mim, não incluíam o agressor, embora os policiais de custódia que haviam transferido o pai estivessem presentes, comecei a responder.

O interesse pelas minhas contribuições e o respeito pelas minhas intervenções foram impactantes para mim.

> *Juiz – "Como você conheceu F.? Como você entrou em contato com ela?"*
>
> *Terapeuta – "F. compareceu à consulta com uma equipe que a admitiu, acompanhada de sua mãe e sua irmã,*

em virtude de uma crise de angústia. F. tinha 15 anos e, após alguns dias, foi incentivada a contar à mãe que seu pai mantinha contatos sexuais com ela desde os 6 anos de idade.

Na consulta com a referida equipe, foi contida a situação específica pela qual compareceram, e ela foi encaminhada para eu atender.

F. resistiu a comparecer, e sua mãe compareceu sozinha, pedindo ajuda a respeito de como levar F., preocupada com os efeitos psíquicos que a experiência provavelmente traumática teria causado nela.

Fiz algumas entrevistas com a mãe até ela conseguir trazer a filha, e então começou uma série de entrevistas vinculares com F. e sua irmã de 19 anos, pois F. não queria comparecer sozinha. Ela quis construir um vínculo comigo, já que lhe era muito difícil confiar.

Após alguns meses, os tratamentos se separaram, um para F. e outro, com outro terapeuta, para sua irmã. F. começou comigo uma terapia individual, realizando também uma consulta clínica com uma médica de adolescentes. Oito meses depois, o comparecimento ao tratamento não pôde ser mantido e foi interrompido, continuando um acompanhamento até hoje, que já se passaram três anos desde a primeira consulta. Ou seja, quando sente que precisa, ela vem me ver."

Juiz – "Por que F. estava se consultando, quais sintomas apresentava?"

T. – "A mãe consultou por causa das dificuldades apresentadas por F. de levantar-se de manhã, preocupada porque comia pouco, o que gerou na mãe fantasias de que ela poderia estar usando drogas.

F. relatou que não conseguia se levantar até as 2 da tarde. Mudou para uma escola secundária noturna, para continuar cursando o 2º ano. Depois, surgiu que tinha também pesadelos recorrentes e, à noite, tinha medo de adormecer porque temia voltar a sonhar a mesma coisa. O conteúdo desses sonhos se relacionava às situações de sedução do pai em relação a ela."

Juiz – "A senhora falou em pesadelos: não aparece sempre uma deformação nos sonhos? Os sonhos não são simbólicos? Como poderia afirmar que o que ela sonhou nos pesadelos foi algo que realmente viveu?"

T. – "Uma coisa são os sonhos e outra, os sonhos traumáticos. Nos sonhos, há atividade simbólica: os desejos aparecem distorcidos e disfarçados. Diante de experiências traumáticas para o psiquismo, fragmentos intactos e não deformados da realidade vivida aparecem nos sonhos, fragmentos brutos que não podem ser metabolizados aparecem se repetindo indefinidamente, procurando se vincular de algum modo ao funcionamento psíquico.

O que vi em F. é a repetição de sonhos em que apareciam fragmentos das situações vividas com o pai durante as cenas de sedução, que, por seu caráter repetitivo e sua carga de angústia, davam conta do real ocorrido."

(A partir da pergunta precisa formulada pelo juiz, senti que havia se instalado um clima de genuíno interesse e comprometimento, me incentivando a continuar respondendo.)

T. – "Outro indício de que algo traumático havia se passado foi a grande desconfiança do mundo adulto. Desde o momento da chegada à consulta e durante todo o tratamento, muitas vezes me vi prestando especial atenção à privacidade do material, com a sensação de que era muito importante construir uma barreira para diferenciar o privado do público, categorias não bem constituídas no psiquismo da minha paciente.

Desde a chegada de F., foi um trabalho muito minucioso conseguir que se instituísse um vínculo de confiança. No início F. não aceitava comparecer, e apenas trabalhamos com a mãe acerca de como trazê-la. Mais tarde, ela não quis permanecer sozinha no consultório, e só vinha se estivesse acompanhada de sua irmã.

Todos esses elementos formaram em mim a impressão de que ela havia passado por vivências que haviam sido traumáticas e, por isso, resolvi telefonar para ela nas manhãs em que tinha de vir, para ela não ficar dormindo, pois ninguém na família poderia cumprir essa função, e essa dificuldade constituía seu sintoma, e não sua resistência ao tratamento."

Juiz – "Todos os pacientes dizem a verdade? Você já atendeu a pacientes que exageraram ou relataram fantasias?"

T. – "Na minha experiência clínica escutei diferentes tipos de relatos; por isso é importante fazer um diagnóstico de personalidade e conhecer mais profundamente como funciona o sujeito que está relatando. Alguma vez já escutei um relato que não correspondeu a um acontecimento real e foi possível detectar.

Uma das características do relato de F. foi que demorou muito até ela poder contar os episódios sexuais vividos com o pai. Ele precisava de um clima de confiança construído previamente para se encorajar a relatar algumas imagens. Havia vergonha e dor no relato, sem preocupação em produzir o impacto. Sempre foi mais sugerido que explícito e demonstrava um intenso compromisso afetivo, conforme o que contava.

No que diz respeito às mentiras, há adolescentes que mentem, mas há muitos outros que não têm o princípio de realidade bem instalado, que lhes permita diferenciar entre o desejado e o vivido; entre o que se passa em sua cabeça e o que se passa no mundo. Num diagnóstico do modo de estruturação psíquica, será possível avaliar como se constituíram o recalque e o princípio de realidade, o que nos permitirá marcar a diferença."

Juiz – "Como você poderia demonstrar que não se tratava apenas de fantasias eróticas que a menina podia ter com o pai?"

T. – "Em primeiro lugar, quando se trata de fantasias eróticas, adolescentes e meninas de quase todas as culturas do mundo as têm; portanto, não constituem qualquer evidência a favor nem contra.

O pai de F. repetiu episódios de sedução no decorrer do tratamento. Quando a denúncia acabara de ser feita, antes da prisão preventiva, ele continuava tentando levar F. para a cozinha de sua casa para mostrar-lhe seus órgãos genitais. Depois, uma vez na prisão e antes do julgamento, ligou para F. da prisão para lhe dizer que se ela desistisse da denúncia, ele a presentearia com os vestidos que ela queria comprar. Eram os mesmos argumentos com que a seduzia, ainda menina, para que ela não contasse à mãe e aos irmãos o que acontecia; ele comprou mais presentes para ela que para seus irmãos, colocando-a em um lugar "privilegiado", que acentuava em F. o circuito de culpa que a manteve calada por tantos anos.

Vendo que a sedução não tinha o mesmo resultado de antes, e diante do fato de que F. manteve sua denúncia e a data do julgamento se aproximava, começaram ameaças telefônicas e outras, como enviar um filho de um casamento anterior, adicto e violento, para ameaçá-la em sua casa. A repetição reiterada de métodos de extorsão durante o curso do tratamento e o aumento dos sintomas em F. nos fizeram perceber que não estávamos diante de uma adolescente que só fantasiava com o pai.

Nas reuniões familiares esporádicas que ocorreram durante aqueles meses de tratamento, esses relatos foram confirmados pelos demais membros da família. Durante os meses que antecederam a prisão preventiva, o irmão mais novo de F., o único que vivia com o pai na época, se trancou no quarto à noite, por temer que o pai entrasse. Isso pôde ser relatado pela criança vários meses após o ocorrido. Por outro lado, o pai nunca veio me ver. Em minha experiência, quando se trata de um falso relato da filha, o pai angustiado costuma pedir uma entrevista."

Advogado do pai – "Houve estupro do seu ponto de vista?"

T. – "Não, em nenhum momento se falou em estupro, se você se refere a penetração sexual. O abuso consistia na exibição dos órgãos genitais diante da menina para serem olhados e tocados e no uso de palavras obscenas."

> *Advogado do pai – "Então você afirma que não houve estupro."*
>
> *Juiz – "A pergunta é improcedente, pois o fato de não ter havido penetração não altera a situação; então, Licenciada, pode não responder."*

O julgamento continuou com a declaração da assistente social da vara cível intervindo para a ação de alimentos.

Poucos dias depois, recebi uma ligação para informar que o pai de F. foi considerado culpado; condenaram-no a uma pena de onze anos de prisão, removeram seu pátrio poder e consideraram definitivas tanto a minha declaração como a da assistente social do juizado cível.

Parte II

Comportamentos sexuais abusivos

7. Jogos sexuais ou comportamentos sexuais abusivos?

Comportamentos sexuais abusivos em adolescentes: um motivo de consulta que cresce

Nos últimos anos, a clínica com crianças e adolescentes inclui motivos de consulta que antes não chegavam como tais. Trata-se de adolescentes trazidos, geralmente para o ambiente hospitalar, por suas mães, e que se envolveram em comportamentos sexuais intrusivos com crianças pequenas. Essas crianças geralmente pertencem à sua própria família: irmãos mais novos, sobrinhos, primos mais novos, vizinhos que coabitam em uma casa com vários cômodos.

Muitas dessas consultas referem-se a adolescentes que tiveram comportamentos sexuais abusivos com irmãos, muitas vezes com deficiência intelectual ou física.

Luis Kancyper (2014) trabalha, em relação ao vínculo entre irmãos, com o que prefere denominar, seguindo Freud, *complexo fraterno*, e argumenta que é insuficiente e às vezes até errôneo considerar apenas os efeitos do complexo de Édipo e do pré-edipiano nos adolescentes. Ele considera que o complexo fraterno tem abrangência estrutural própria, relativa principalmente à dinâmica narcísica.

> *Os remorsos e os ressentimentos "normais" que surgem na dinâmica dos vínculos entre irmãos tendem a se intensificar ainda mais quando ao complexo fraterno se acrescentam situações traumáticas pela presença de irmãos perturbados ou mortos. Nesses casos, o irmão "saudável" e o irmão "sobrevivente" extraem uma subidentidade específica: ser o guardião e mediador que regula o equilíbrio do narcisismo familiar, motivo pelo qual deve trilhar um caminho delicado, entre as angústias dos pais necessitados de apoio e do irmão ou irmã carente.*

Crianças ou adolescentes cujos irmãos possuem capacidades diferentes, em geral, nutrem seu ego ideal com a exigência de cumprir um dever ambivalente: compensar os pais pelo narcisismo ferido em relação ao irmão e, ao mesmo tempo, suprimir seus próprios aspectos agressivos. Isso resulta em crianças ou adolescentes com grande autoexigência reparadora, assumindo responsabilidades demais. Se os aspectos relacionados à agressão ao irmão estiverem dissociados, podem irromper repentinamente de maneiras diferentes, inclusive por meio desses comportamentos sexuais abusivos.

Como chegam à consulta: como interviremos se o adolescente não quiser vir?

Adolescentes com comportamentos sexuais abusivos em relação a crianças pequenas costumam chegar à admissão do serviço de adolescentes do hospital acompanhados por suas mães, que comparecem muito angustiadas a partir de um episódio em que se revelou que esse adolescente estava tendo comportamentos secretos que acabavam de ser revelados e que haviam desencadeado uma explosão familiar. Primos, sobrinhos, irmãos mais novos, vizinhos.

Muitas vezes foram os pais da criança mais nova que descobriram o adolescente e romperam o vínculo com essa parte da família. Em vários dos casos, os pais da criança pequena já haviam feito uma denúncia judicial e o tribunal havia ordenado a consulta do adolescente. Em geral, a criança menor já havia sido levada para consulta psicológica após ter sofrido uma intrusão que teria sido traumatogênica.

Uma das primeiras questões que se coloca diz respeito à denúncia judicial por abuso sexual. Cabe uma denúncia de abuso sexual em que o denunciado seja um adolescente, muitas vezes entre 12 e 14 anos, e às vezes até uma criança com idade inferior a estas? A preocupação da família da criança pequena com os efeitos traumáticos da dita intrusão é muito necessária, mas sua exposição em um tribunal e que este receba a denúncia sugere a transposição do que é o abuso sexual em que o agressor é um adulto.

A primeira barreira na consulta do adolescente muitas vezes é constituída por profissionais de saúde, pediatras, psicólogos, que tendem a sentir relutância em cuidar desses adolescentes, pelo mesmo motivo: eles são equiparados a abusadores sexuais adultos.

Na realidade, estamos diante de adolescentes com um psiquismo ainda em constituição, em que o recalque às vezes não é o mecanismo de defesa predominante. Uma corrente psíquica o impulsionou a uma atuação, e será necessário avaliar se estamos diante de uma atuação adolescente transitória ou de um funcionamento psíquico em que uma constituição perversa poderia estar se esboçando. Ambas as possibilidades mereceriam uma intervenção psicodiagnóstica sabendo-se que é *uma oportunidade que não se deve perder para não se cristalizar uma futura identidade de abusador.*

Uma operação fundamental é poder acolher esses adolescentes em um ambiente de respeito à sua subjetividade, essencial para o início de qualquer processo diagnóstico ou psicoterapêutico.

No que diz respeito aos adolescentes, em geral, não são eles que falam de suas ações na entrevista de admissão, mas suas mães.

Em alguns casos, observamos que eles sentem angústia e culpa pelo que causaram, principalmente no ambiente social e familiar. Outros dizem que pensaram em se matar ao perceber o que haviam gerado, expressando uma possível elaboração melancólica. Em outros casos, observamos que não há angústia e que eles não querem comparecer a nenhuma consulta. Não querem se lembrar do que fizeram, não o reconhecem como algo que pode prejudicar o outro, e a angústia na consulta é só da mãe.

Em geral, após o motivo da consulta ser relatado na admissão interdisciplinar do serviço, com pediatra e psicólogo, fazemos uma entrevista individual com o adolescente. Ele é informado de que estamos em um hospital, não em um tribunal nem na delegacia. É um espaço da área da saúde, em que impera o sigilo profissional, e no qual nos encontraremos para tentar compreender o que o levou a fazer algo ao outro que possivelmente não gostaria que fizessem a ele. Também se sugere a ele que quem faz algo ao outro que não gostaria que fizessem a si certamente o faz a partir de um sofrimento próprio que às vezes ele nem sequer registra, e nós estamos ali para conhecê-lo e cuidar dele.

Tudo isso visa criar um ambiente propício à instalação de uma transferência que permita o desenvolvimento da subjetividade do adolescente.

Alguns chegam enviados pelo tribunal e outros vêm à consulta em virtude da angústia materna. Em qualquer caso, trata-se de um desafio a construção de um ambiente de acolhimento e confiança para que se inicie e continue um espaço terapêutico.

Nesse sentido, é importante ressaltar a ideia de que muitos adolescentes chegam trazidos pelos pais, por este ou por outro motivo de consulta, e constitui sempre um desafio para a equipe de saúde ir transformando essa consulta em um espaço do qual o jovem se aproprie e o qual transforme em ambiente para seu próprio pedido de ajuda.

Como denominamos esses adolescentes

Sabemos que a adolescência é o momento mais importante na busca da identidade: "quem sou eu". Conceder-lhe a identidade de abusador é uma rota que poderá levá-lo a ser um abusador, sem lhe oferecer a oportunidade de isso se encaminhar de outro modo. Não é a mesma coisa pensar que o adolescente teve comportamentos sexuais abusivos e considerar *a priori* que "já é um abusador".

Essa posição também implica que ainda não sabemos o que esse comportamento significa do ponto de vista metapsicológico. A partir de que posição subjetiva foi realizado.

Em todo caso, estaria refletindo um exercício de poder sobre outro mais fraco, em uma cultura patriarcal e em um sistema social de grandes desigualdades em que a submissão é lugar-comum e naturalizada. Os modelos de tornar-se homem nessa cultura estão ligados a submeter alguém mais fraco.

Por tudo isso, e sem que de algum modo signifique tirar desse adolescente a responsabilidade por seus atos, ao contrário, seria conveniente nomear os comportamentos que teve e não o identificar como "abusador". Por isso também é importante pensar nas intervenções e em como designá-las. Por exemplo, designar um grupo terapêutico com base no sintoma de seus membros contribui para consolidar o sintoma. Nesse sentido, é necessário ser cuidadoso para designar. Trata-se de adolescentes, essa é a identidade deles, não o seu sintoma ou seus comportamentos.

Ao que parece, por parte dos tribunais, se cumprirem o tratamento psicológico quando se trata de adolescentes menores de 16 anos, os processos judiciais não progridem.

Diferenças entre abuso sexual e comportamentos sexuais abusivos de adolescentes

O abuso sexual é a intrusão da genitalidade do adulto no corpo e na psique da criança, que ainda não está em posição de compreender, de poder decidir, e por se tratar de uma relação totalmente assimétrica, ultrapassa sua capacidade de metabolização, o que a torna traumatogênica.

A situação tem várias arestas disruptivas: uma é a genitalidade do adulto com o funcionamento de sua excitação, e outra é a situação de dominação e exercício de poder subjugador que recorre a ameaças e pressões para manter um segredo, e que as crianças sentem como uma maldade a que estão submetidas.

Caso o agressor seja adolescente e não adulto, devemos ter em mente que os adolescentes continuam em processo de constituição psíquica. *A linguagem da ação na adolescência constitui uma modalidade habitual e, embora não deixe de ser responsável, não podemos equiparar uma atuação na adolescência ao ato de um adulto.*

Sem dúvida, os efeitos na psique da criança podem ser tão traumáticos quanto os do abuso sexual de um adulto.

Um risco: confundir esses comportamentos com jogos sexuais infantis

Outro risco em que poderíamos incorrer seria minimizar o acontecido, não lhe dando o valor de sintoma ou de transtorno no adolescente.

Como podemos diferenciar jogos sexuais entre crianças com comportamentos sexuais abusivos?

Jogos sexuais

- Há acordo entre as duas crianças, explícito ou implícito. Essa é a condição para que haja qualquer "jogo" compartilhado.
- Há a busca para descobrir e vivenciar sensações corporais prazerosas.
- Têm um nível de representação e transformação. Não se trata apenas de tentar repetir algo prazeroso, mas se enquadra em um jogo simbólico: brincar de namorados, de médico, de mamãe e papai. É brincar de ser grande.
- Isso ocorre entre crianças de idades semelhantes.

- Há cumplicidade de ambos.
- São secretos em relação aos adultos. Em geral, não há angústia porque se trata de uma brincadeira e, portanto, não sentem necessidade de comunicá-la aos adultos, muito ao contrário.

Silvia Bleichmar (2016) comenta: "É preciso levar em conta que o exibicionismo infantil não é genital. É muito importante ter em mente que sempre na infância o que consideramos sexual não é genital. Que quando o genital surge de forma aberta, é porque algo está acontecendo e isso não torna o polimorfismo perverso" (p. 71).

Comportamentos sexuais abusivos

- Um adolescente ou criança obriga outro e o submete a fazer algo que não quer ou que sente que não pode escolher.
- Instala-se uma situação subjugador-subjugado.
- Está em jogo o exercício do poder de um sobre o outro.
- Isso pode ocorrer não só entre uma criança mais velha e outra menor, ou entre um adolescente e uma criança, mas às vezes também entre crianças da mesma idade.
- Desperta angústia em quem não pôde evitar ser submetido.
- Geralmente é relatado a um adulto próximo, sempre que houver alguém em quem confie, que vai escutá-lo e acreditar nele.

Práticas sexuais

Pessoas que trabalham com crianças, principalmente professores da escola, costumam relatar situações que surgem na sala de aula, recreio ou transporte escolar que têm a ver com ações de uma criança sobre outra que não consegue dispor de contato fluido com seus próprios impulsos agressivos para poder parar essa ação.

Muitas vezes, trata-se de situações em que essas crianças ficaram oprimidas pela visão de cenas de sexualidade na mídia ou na internet, que tentam evacuar reproduzindo-as com outra. Isso costuma despertar angústia em quem não pôde evitar ser submetido.

Muitas vezes são expostas a um bombardeio de estímulos que não podem ser metabolizados, simbolizados nem processados de forma alguma.

Encontramos assim *o predomínio de um excesso frente ao qual o ego não tem ferramentas de simbolização nem transformação*. Uma intensidade de estímulos que, por não poderem ser processados, causam um estado de hiperatividade e excitação permanentes que, às vezes, é diagnosticado e medicado de maneira confusa.

Repete-se de novo e de novo na tentativa de ser ligado, de encontrar algum sentido que o acalme e o transforme em algo metabolizável para o ego.

Desse modo, hoje encontramos crianças que, em vez de brincadeiras, que sempre contêm uma representação simbólica de papéis do adulto (brincar de médico, mamãe e papai), fazem outra coisa. Trata-se de *práticas sexuais*, no sentido de que têm muito pouca distância do que veem os adultos fazendo, e isso chega a elas principalmente a partir de imagens da mídia. Pareceria haver apenas a repetição crua. Mais uma tarefa de evacuação compulsiva, que não poderia deixar de ser feita e que, por não acalmá-la, ela precisa recomeçar.

- Não há nível de representação nem de transformação simbólica.
- Há repetição: reproduzem-se cenas sexuais geralmente vistas por alguma das crianças na televisão, na internet ou meios similares, mas não vivenciadas intrafamiliarmente em situação de abuso sexual ou exibicionismo de adultos.
- Experiência de sexualidade que sobrecarrega o ego infantil (quantidade de excitação que permanece no corpo sem processamento psíquico).
- Como isso gera angústia, geralmente convoca a intervenção de um adulto de confiança a quem a criança precisa contar.

Poderíamos dizer que surge como fenômeno vinculado à falta de limites, na cultura, que separem a sexualidade infantil da genitalidade adulta.

Práticas sexuais e subjetividade infantil em nossa cultura atual

A cultura atual, do capitalismo globalizado, é uma cultura que se baseia na promoção do consumismo, mas não se fundamenta apenas nas práticas de compra de mercadorias: o mais importante é como se introduzir na subjetividade de cada pessoa para criar desejos em relação ao que ainda não se tem.[1] Há um *mandato de desejar*

1 Carpintero (2014a), no capítulo 17, afirma: "Em todos as épocas a cultura hegemônica determina as características com que os sujeitos processam a singularidade de sua subjetividade ao dar conta de sua condição pulsional. O capitalismo globalizado promove uma forma de subjetivação em que se afirma

objetos, que está disfarçado, pois o sujeito sente que ele mesmo os deseja. Mas a realidade é que ele não decide, é objeto do mercado. Eles o fazem acreditar que isso é liberdade de escolha, que você tem muitas opções, e não está ciente de ter caído em uma armadilha da qual não pode escapar sozinho.

Vale a pena esclarecer a diferença entre consumo e consumismo: "o consumo é necessário para satisfazer nossas necessidades, o consumismo é um desejo irreprimível de consumir que, sempre insatisfeito, ativa permanentemente o circuito de continuar consumindo" (Carpintero, 2014b).

O mandato consumista transformou as relações de poder entre crianças e adultos. As crianças de hoje são consumidores muito desejáveis, por isso, tenta-se cada vez mais alcançá-las de forma mais direta, sem a intermediação de adultos, como demonstrado pelo teste do Google sobre compras feitas por crianças que baixaram diretamente aplicativos de jogos usando o cartão de crédito dos pais.

Alfredo Grande (2008) argumenta que o neoliberalismo e o conservadorismo, em vez de reprimir a sexualidade, corromperam-na. A sexualidade e a erotização foram colocadas a serviço de todos os mercados possíveis. Refere-se à fetichização de corpos, ao tráfico de pessoas, à pedofilia e à pornografia em escala industrial, que negam o caráter patológico de quem tem esses comportamentos. Ele afirma que a pornografia, e especialmente a pornografia infantil, é a indústria cultural da decadência capitalista. "Confundir o auge da sexualidade repressora com a hegemonia do desejo é uma confusão mortal. É o mesmo que confundir consumo com consumismo".

---

um corpo reduzido aos seus gozos primários . . . o sujeito preso em seu narcisismo consome mercadorias para preencher um vazio que é consequência da própria cultura. O resultado é que o consumo como centro de sua subjetivação e de identificação da singularidade acarreta a impotência das paixões tristes".

Nesse sentido, ele esclarece que no consumo se consomem os objetos, e no consumismo se consome o consumo.

Mercado e ausência de regulamentação: efeitos na subjetividade infantil

Na economia de mercado, a sexualidade é um produto lucrativo de se vender. O mercado não funciona com nenhuma regulamentação, e nenhuma outra lógica que não seja vender e ganhar mais. A internet e outros meios de comunicação, para além de todos os benefícios que proporcionam, têm contribuído para a simetria entre adultos e crianças: somos todos consumidores iguais e para efeitos de venda já não interessa produzir qualquer regulamentação limitante. O Estado perdeu seu papel regulador de outros momentos do desenvolvimento capitalista.

Os limites que precisam separar a genitalidade e as crianças foram apagados na vida social cotidiana. As crianças e os adolescentes estão expostos, portanto, a ver e ouvir cenas que os excitam e que não conseguem metabolizar.

Jornadas de trabalho longas e extenuantes para os pais, o mandato de *ser* por meio de *ter*, responsabilidade individual na regulamentação do tipo de conteúdo que as crianças acessam na TV e online. Essas são algumas das mudanças que estão ocorrendo hoje em nossa cultura mercantilista. Erich Fromm (1980), cuja produção se deu no século XX, antes do surgimento da internet, falava do valor de desfrutar de algo sem necessidade de possui-lo. "Gozar sem a ganância de possuir o que se desfruta."

Será que na compulsão das pessoas que recorrem a celulares e câmeras para fotografar ou filmar tudo o que veem não estará o impulso de possuir, dominar, comprar e ter, produzindo um curto-circuito na possibilidade de desfrutar?

E voltando ao tema da sexualidade infantil, o que acontece quando o terreno da brincadeira é perturbado por algo que não pertence ao mundo infantil, a sexualidade genital, que as crianças não conseguem metabolizar porque é um corpo estranho para o qual ainda não estão preparadas? O que acontece quando não há nenhum adulto com capacidade de interromper, regular ou ajudar a processar?

Mas além disso: como se processa a apropriação da genitalidade hoje a partir da puberdade, quando o ego está atravessado pelas condições que ocorrem diante das mudanças tecnológicas?

Uma adolescente de 15 anos, Y., com uma vida com muitos condicionamentos em virtude de uma doença neurológica que a levou a inúmeras internações clínicas, havia se fotografado nua e colocado as fotos na web.

Quando questionada sobre o motivo, ela respondeu: "Uma amiga me disse que se eu quiser ser chamada, tenho que postar uma foto nua. Ela fez isso também".

Ela tirou a foto apenas do pescoço aos genitais. Comentou que havia recebido quase vinte ligações.

Existe um aplicativo para celular, entre muitos, que organiza encontros "touch and go" a alguns quarteirões de distância, e só é preciso definir a hora e o local para esse contato sexual. Certamente, ao ler este texto, já haverá muitos outros mais inovadores.

Estar na web, pertencer, implica ter um minuto de fama exibindo-se. A questão é que é necessário ousar se mostrar cada vez mais fragmentado para ser visto. Um pedaço do corpo como mercadoria a ser consumida no mercado.

A sexualidade perdeu a capacidade transgressora que a caracteriza? Qual é a transgressão hoje? Quais são as proibições hoje? Quais são as barreiras do pudor? Como se transforma o vínculo com o outro a partir desses caminhos do erotismo propostos pela sociedade de consumo e pelo capitalismo nesta fase?

É impossível pensar a sexualidade atual sem levar em conta as transformações que a tecnologia tem introduzido sob a primazia do mercado.

O brincar e os jogos sexuais infantis hoje

Brincar continua sendo tão necessário e valioso como sempre foi. Brincar é entrar em um espaço em que as crianças não estão sozinhas com suas fantasias nem aprisionadas na presença permanente da realidade que exige delas um trabalho psíquico de diferenciação entre o que há em seu interior e o que vem de fora, como afirma Winnicott (1995) a respeito dos fenômenos transicionais:

> *a terceira parte da vida de um ser humano, uma parte que não podemos ignorar, é um espaço intermediário de experiência para o qual contribuem a realidade interna e a vida externa. Trata-se de um espaço que não é objeto de qualquer desafio, porque não há exigências a ele a não ser a de que exista como local de descanso de um indivíduo dedicado à perpétua tarefa humana de manter as realidades interna e externa separadas e inter-relacionadas.*

No brincar, tudo é possível, tudo pode combinar: os próprios desejos que se transformam por um momento em realidade tangível pela vigência do estado de ilusão, o que angustia e assusta, que também se vive como se estivesse acontecendo e começa a se processar; é uma experiência cultural que permite à criança sair desse estado particular enriquecida, transformada, nutrida por algo novo.

O jogo sexual infantil, em particular, é uma brincadeira de ser adulto: brincar de papai e mamãe, namorados, médico. É um jogo de olhar-se, mostrar-se e tocar-se. Não é um jogo genital, pois ainda não é possível vivenciar o que acontece logo após a puberdade, com as mudanças hormonais, as novas sensações e a inscrição psíquica dessa genitalidade.

No contexto de serem as mamães ou os papais, elas investigam e buscam dar prazer a si mesmas tocando-se, mostrando-se e olhando-se. Isso ocorre tanto entre meninas e meninos quanto entre meninas ou entre meninos.

Uma das características do jogo sexual infantil é ser autoerótico. Não é tão importante dar prazer ao objeto, mas a busca do próprio prazer.

No jogo sexual, busca-se descobrir e vivenciar sensações corporais prazerosas, no âmbito de um acordo tácito entre as crianças para ingressar em um espaço em que tudo o que acontece tem uma referência, a do que é "brincar", e porque ambos querem. E como existe um acordo tácito, é escondido do olhar dos adultos e da interpretação que eles possam lhe outorgar.

A fantasia de uma criança nunca poderia imaginar uma situação de sexualidade genital se não a tivesse visto ou vivenciado por contato direto ou por meio de telas.

Como os jogos sexuais das crianças são permeados pela nova modalidade de tornar pública a sexualidade que antes era privada? Continuam sendo secretos como antes era a sexualidade dos adultos? Como marca de época temos o sexting, ou seja, mensagens sexuais, entre adolescentes, que expõem os órgãos genitais e a excitação sexual na web, com a intenção de ser observados por muitos.

Ainda existem jogos sexuais ou a exploração deixou de ser com o corpo do outro e é mais com a imagem? E a privacidade desses jogos, persiste? O que acontece com a curiosidade sexual se não houver disfarce e tudo for exposto antes de haver curiosidade?

Mas além disso: que transformações ocorreram nos jogos sexuais das crianças a partir das mudanças na cultura atual do capitalismo globalizado, efeito de as necessidades de consumo inerentes a cada sujeito terem se transformado em mandatos consumistas, e de diante de cada necessidade humana o mercado ter inventado uma mercadoria?

A presença da sexualidade genital como mercadoria de alto consumo na internet, a propaganda que invade quem já é consumidor prévio; crianças e adolescentes que se converteram em objetos de consumo e, assim, expande-se o turismo sexual, a prostituição e o tráfico de pessoas. Nessas práticas, meninas e meninos ficam vulneráveis, são comprados e vendidos, ficam sem brincar e sem infância.

Sexualidade de consumo: pornografia e sexualidade infantil

Aparentemente, a pornografia é o que mais se consome na internet, sem qualquer regulamentação possível além da que cada genitor, pai ou mãe, pode exercer individualmente. Isso responde ao fato de que a única ética mercantil é ganhar mais, pois para o mercado, os sujeitos perdem seu *status* como tal e passam a ser apenas consumidores.

Cabe nos interrogarmos sobre a pornografia, que parece constituir um analisador da passagem de sujeito a consumidor, que o capitalismo globalizado propiciou e que introduz um curto-circuito nos processos de curiosidade sexual, característicos da sexualidade infantil, o qual estaria vinculado à passagem da sexualidade como algo privado para algo público.

César Hazaki (2010) discute as transformações que as novas tecnologias introduziram na sociedade e na subjetividade, tornando os sujeitos cada vez mais dependentes de uma camada de produtores e reprodutores de sons e imagens que circundam a terra, a que ele denomina "placenta midiática".

Ele se pergunta o que une, o que funciona como eixo central da sociedade capitalista globalizada atual. A sociedade transformou-se em espetáculo contínuo, predominando a comunicação e a representação por imagens sobre o contato entre os corpos. Ver e ser visto e o exibicionismo permanente tornaram-se uma condição de existência.

Hazaki coloca a necessidade de repensar as formas como hoje surge o controle social e visualiza o erotismo e o sexo como ferramentas centrais desse controle.

A internet é usada como busca sexual e pornográfica em primeira instância. Os jovens postam suas experiências eróticas em redes sociais para serem compartilhadas, tendo perdido valor a privacidade da sexualidade.

Hazaki argumenta que a cultura da globalização impõe modos de comunicação que aprofundam a constituição *ciborgue* (híbrido de homem e máquina) dos usuários. As multinacionais propõem que o homem seja uma unidade indissolúvel com seus fetiches, os *gadgets* (*smartphone*, ciborgue etc). Os infinitos aplicativos implementados buscam formatar cada ciborgue de maneira personalizada. A questão é conhecer os desejos básicos do consumidor, saber como e onde induzir os internautas.

Como a pornografia colaborou nesse processo?

O sistema Android investigou as páginas de pornografia da web com o objetivo de captar e utilizar os trajetos do erotismo e utilizá-los em seu próprio benefício. A proporção detectada foi de três visitas a pornografia contra uma a um site cultural ou informativo.

Conclui-se que se o capitalismo originalmente exigia moral severa, o capitalismo tardio, para sua sustentação, promove o exibicionismo erótico em tempo integral.

Desde a revolução industrial, o lugar ocupado pela pornografia mudou. Hoje deixou de ser uma indústria marginal para passar a ser um grande negócio e uma paixão de multidões na web. Por tudo isso, Hazaki considera que as multinacionais, com suas máquinas de comunicação, e a pornografia fizeram uma combinação que convém a ambas para sustentar o desenvolvimento da sociedade do espetáculo.

Carlos Barzani (2014) se questiona a que nos referimos ao dizermos que algo é pornográfico e descobrimos a existência de múltiplas definições.

> *Algumas definições ressaltam o conteúdo do material: qualquer representação – texto, imagem – de sexo explícito não simulado, destinada ao consumo do público. Outras se baseiam em termos funcionais: o material que visa estimular a fantasia para provocar reações corporais e emocionais de prazer sexual. Até chegar a afirmações que revelam o caráter polissêmico e moralizante do termo, como a do escritor francês Alain Robbe-Grillet: "a pornografia é o erotismo alheio".*

Ao questionar as diferenças entre pornografia e erotismo, ele cita o sociólogo brasileiro Jorge Leite Jr., que argumenta que o importante não é se algo é erótico ou pornográfico, mas a representação da sexualidade como um negócio. Define-a como qualquer tipo de produção escrita, musical, audiovisual ou plástica voltada para um mercado específico e cujo objetivo principal é a obtenção de benefícios econômicos por meio da excitação de seus consumidores.

> *A pornografia não "é" violência contra mulheres, ou qualquer outro tipo de violência, mas às vezes, e entre tantos outros conteúdos que abrange, "representa" esse e outros tipos de violência, bem como muitos outros conteúdos. Tem mais a ver com o papel das fantasias na sexualidade e com o papel da pornografia em representá-las e, portanto, vender estímulos de desejo. Mas demanda e oferta não nascem no vácuo, mas em um contexto social machista. Como a pornografia é usada por e para homens, essas fantasias têm um espaço em suas imagens. Como não há equivalente feminino em virtude das idiossincrasias de gênero, as fantasias femininas geralmente não têm imagens igualmente significativas. (Barzani, 2015)*

Cabe nos perguntarmos como essa mudança fenomenal perpassa a constituição das subjetividades em crianças e adolescentes e, principalmente, como isso está transformando a relação de cada sujeito com os outros e consigo mesmo.

Na escola ou na família: relatos de sexualidade de crianças e adolescentes

Nesses relatos, uma época e uma cultura falam. Estes são alguns relatos da clínica atual com crianças e adolescentes vinculados à sexualidade, que desafiam o analista e outros adultos acerca de como se posicionar.

N., 5 anos

A mãe de N. relata em uma consulta: "N. voltou do jardim e eu fui esperá-lo como todas as tardes, quando ele voltava para casa de ônibus. Ao entrar, perguntei como tinha sido o jardim, e ele me disse que um menino no ônibus abaixou as calças dele. Ele me disse muito sério. Habitualmente, ele não é um menino de contar o que faz, nem o que brinca com outros meninos. Mas naquele dia ele me disse isso de repente e ficou muito sério. Percebi que ele não gostou do que tinha acontecido com ele. Eu lhe perguntei: 'Como ele abaixou suas calças?'. Ele me disse: 'Sim, veio o J. (um menino do seu grupo de jardim que também vai de ônibus com ele), ele me levou para o banco de trás e abaixou a minha calça'. Eu perguntei a ele: 'Ele fez só isso ou alguma outra coisa?'. Ele respondeu: 'Não, ele também chupou meu pinto'.

Fiquei realmente muito nervosa, mas tentei me acalmar e disse: 'Como ele chupou o seu pinto?'.

Fiquei bastante angustiada. Na verdade N. começou a ter algumas dificuldades para adormecer à noite. Eu e meu marido pensamos e resolvemos ligar para a mãe de J. Eu lhe disse que N. tinha me contado que algo havia acontecido com seu filho e que, pela maneira como meu filho me contara, pareceu-me necessário que ela e o pai do menino soubessem. Ela estava muito nervosa no início. Voltamos a nos falar e ela me deu a entender que talvez J. pudesse ter acessado no computador as páginas de pornografia que eles costumam olhar".

Quando recebo esse relato da mãe de N. no contexto de uma consulta, penso que estou diante de uma mulher que rapidamente conseguiu enfocar o ponto principal do assunto. É como se ela tivesse me dito: "Não acho ruim que uma criança toque na outra no meio de uma brincadeira. No entanto, a maneira como N. me conta o que aconteceu dá a entender que algo o oprimiu, o angustiou e o sobrecarregou. Percebi que não era uma brincadeira com um menino da mesma idade, porque ele nunca me fala das brincadeiras. Ele brinca, vive, protagoniza e pronto. Aqui há algo que o surpreendeu, a que se sentiu submetido, e contra o qual ele não conseguiu reagir. Se ele não gostou, seria de se esperar que dissesse não, mas não conseguiu. Algo entrou de repente em sua cabeça (com o que o outro menino fez em seu corpo), e ele não conseguiu reagir até me ver e conseguir transformar em palavras para me contar".

No relato da mãe de N. fala uma época, uma cultura em que a construção da subjetividade nas crianças se dá por meio de experiências bem diferentes das que seus pais passaram, e que muitas vezes desencadeia nestes a angústia de não entender do que se trata e como intervir.

N. não sentiu que J. o convidara para brincar. Ele sentiu um domínio diante do qual não conseguiu deixar de se submeter. Nunca o brincar começa assim. Além disso, o que parece prevalecer em N. não é tanto a reação frente ao conteúdo e ao significado sexuais, mas o efeito da submissão inesperada e forçada. Possivelmente havia nele a sensação de ter sido tratado como coisa, desconsiderado em sua dimensão subjetiva. Isso o oprimiu. Dizer não para J. teria implicado suster-se à dimensão subjetiva que ele havia perdido com a ação do amigo.

E J.? Por que, em vez de convidar N. para brincar, não conseguiu deixar de submetê-lo? O que residia em J. para que, em vez de propor ou convidar a fazer uma nova experiência, ele não tenha conseguido deixar de repetir algo que certamente não suportava apenas na própria mente e que precisou descarregar no corpo e na mente de outrem? Certamente algo que consideramos excessivo invadiu sua cabecinha e rompeu sua capacidade de entrar e sair do brincar. Já não podia se livrar do peso que carregava, não conseguia mais "entrar no espaço de descanso" do qual Winnicott fala ao se referir ao brincar.[2] Ele só conseguia repetir algo que era indigesto, para ver se conseguia evacuá-lo.

Não é que um adulto tenha entrado de maneira intrusiva no corpo da criança (terreno do abuso sexual infantil). *Trata-se de o terreno do brincar, esse em que duas crianças de idade igual ou semelhante se encontram para condições potenciais de criatividade, ter sido invadido previamente por uma ação de adultos* (os pais de J. que, ao assistir pornografia na internet, não tiveram o cuidado de proteger o filho de algo que ele não conseguiria metabolizar?), deixando um rastro que agora funciona a partir do interior da psique de J., que está aderido a uma situação que o oprime e que procura descarga submetendo N.

C., 12 anos

Foi levado à consulta por seus pais desesperados porque colocava sua irmã de 5 anos de quatro e apoiava o pinto em seu traseiro. Beijavam-se na cama e ele lhe dizia: "Vamos fazer amor".

---

2 Donald Winnicott refere-se à tarefa permanente de diferenciar o que corresponde à realidade objetiva da realidade subjetiva. No brincar, essa necessidade de diferenciar é colocada em suspensão, por isso constitui um espaço de descanso.

Ambos os pais foram criados sem pais. O pai trabalhava muitas horas e alcançou grande crescimento econômico em pouco tempo. C. lhe pedia cada vez mais objetos ligados ao consumismo, aos quais o pai tinha acesso ilimitado.

A mãe montou um quiosque na frente da casa em que moravam. O quiosque funcionava o dia todo, à livre demanda dos clientes, sem limite de horário. Só fechava à noite, muito tarde.

C. ficava encarregado dos irmãos de 8 e 5 anos, levando essa última ao banheiro, limpando seu traseiro e cuidando do banho dos irmãos, entre muitas outras coisas. Assistiam à televisão por muitas horas na cama dos pais, especialmente as novelas da tarde, que continham imagens de sexualidade genital.

C. dizia que, quando assistia à novela, tinha desejo de fazer "isso" com a irmã.

Foram realizadas entrevistas com os pais e com toda a família. O trabalho inicialmente girou em torno de desfazer a identidade de "estuprador" que pesava sobre C. Trabalhou-se a dificuldade dos adultos em ocupar seus lugares e ajudar a processar o pulsional das crianças, e o lugar tão confuso de C., que precisava desempenhar funções de adulto excessivas para ele.

Do ponto de vista do que acontecia com C., poderíamos falar de uma prática sexual. Não era uma brincadeira, pois não havia acordo entre os dois, entre outras coisas, pela grande diferença de idade em relação à irmã.

A., 12 anos

A. foi surpreendido na casa de seus tios por sua tia, com seus primos V. de 10 e L. de 12, enquanto chupa o pinto de L.

O pai desses últimos, W., é irmão de E., a mãe de A.

W. é o encarregado de um prédio ao lado do qual sua irmã mora com o sobrinho. E. é separada do pai de A., que mora no Paraguai. Os meninos passam várias horas juntos e compartilham a mesma escola. A. e L. são colegas de classe.

W., ao ficar sabendo da cena que sua esposa descobriu, se enfurece e explode. Denuncia a situação na escola na frente de professores e crianças, e por esse motivo A. deixa de ir para a escola. Sente que não consegue enfrentar seus colegas. Sua mãe conversa com os professores, que não sabem como lidar com a situação, e finalmente decide mudá-lo de escola.

W. ameaça ligar para o pai de A. no Paraguai para lhe contar, sabendo que ele é um homem que usa métodos de punição muito repressivos que são habituais em sua cultura. Também proíbe A. de passar pela calçada de seu prédio, sob ameaça de bater nele, motivo pelo qual A. está apavorado e não sai de casa.

Rompeu-se o vínculo de E. com W.

E. não consegue enfrentar tudo isso e comparece com A. para uma consulta no hospital. Lá, o pediatra que o recebe faz uma interconsulta com a equipe de saúde mental.

Eu faço entrevistas com a mãe e depois com A. Ele relata que ele e seus primos ficam sozinhos por muitas horas enquanto seus pais trabalham e assistem a filmes pornográficos que descobriram escondidos na mesa de cabeceira do tio.

O pediatra e eu ficamos muito chocados com a reação dos adultos (tios, professores). Dizemos para a mãe e A. que pensamos se tratar de práticas sexuais entre primos e ressaltamos a dificuldade de todos os adultos em se posicionar para compreender e intervir nessa situação.

Diante da evolução das ameaças do tio, a instituição intervém convidando-o para uma entrevista, que ele não aceita. Envia-se uma mensagem a ele dizendo que, se não recuar nas ameaças, será feita uma denúncia no Conselho de Crianças e Adolescentes por cerceamento de direitos de um adolescente. O tio para de ameaçar.

Trabalha-se com a mãe e com A. a respeito da compreensão desse episódio como uma prática sexual entre púberes.

É evidente a excitação desencadeada nos três púberes a partir da curiosidade sexual e do fácil acesso à pornografia pelo descuido dos adultos. Fica evidente que foi arrasadora a interferência dos adultos permeada pelo efeito da visibilização do abuso sexual infantil, a partir da qual veem supostos abusos em uma brincadeira ou prática entre púberes. Essa grave interferência resultante da explosão do tio tem um alcance que não prejudica apenas A. e sua mãe, mas certamente também seus dois filhos.

E., 13 anos

Desço para acompanhar E., adolescente de 13 anos, paciente de consultório, no final da sessão. A mãe dele ainda não chegou. Pega o iPhone para ligar para ela. Vejo que cada "contato" no celular tem uma foto que o identifica. Quando procura "mamãe", aparece uma mulher muito sexy e provocante de maiô. Como olho de soslaio, não sei se é uma imagem da internet ou uma foto da mãe. Entre a incerteza e o espanto, tento esclarecer minha percepção:

T. – "De quem era essa foto?"

E. – "Da minha mamãe."

Fico impressionada com a vozinha infantil com que ele responde "da minha mamãe", ouço nela um adolescente que se faz menor porque suponho que seja difícil para ele ser um jovem mais velho com uma mãe aparentemente tão sedutora. Ele também é filho único e seus pais se separaram quando ele era muito pequeno.

Fico aliviada ao pensar que naquela semana a mãe tinha telefonado para pedir uma entrevista, preocupada porque E. ultimamente estava relutante em ficar com ela nos fins de semana dela, preferindo ficar com o pai.

Ao conversar com a mãe, percebo que a foto tinha sido escolhida por ela para o filho identificá-la no telefone. Falo do impacto que produziu em mim e relacionamos o que ela traz como preocupação com um movimento importante da parte de E. para se defender desses aspectos sedutores dela, se afastando.

Ch., 4 anos

Ch., uma criança de 4 anos, chega ao jardim e tira um vibrador da mochila, que coloca sobre a mesa na roda com os colegas. Quando a professora pergunta o que é, ele responde: "É o brinquedo da minha mãe".

A professora pede que ele guarde e entregue para a mãe. Na saída, ele o dá para a mãe e ela diz: "Não sei de onde ele tirou! Não entendo!".

A criança nos mostra como o fato de encontrar um objeto que relaciona com o prazer e o brincar da mãe desperta curiosidade e desejo de mostrá-lo na escola. Teria sido muito diferente, provavelmente, se ele tivesse deparado com uma cena em que tivesse visto a mãe usando esse objeto. Possivelmente, teria sido esmagador.

F., 11 anos

F., menino de 11 anos, tem uma namorada de sua idade que é sua colega de classe. A menina lhe conta que foi tocada dentro da escola, no banheiro, por um adulto que ela não consegue reconhecer por não ter visto seu rosto, que estava coberto.

A menina sente uma grande excitação sexual e pede ao namorado que toque em seus órgãos genitais durante a aula, o que ele faz. Sentam-se um ao lado do outro. Durante o recreio, os dois ficam na sala de aula porque ela não quer que o que aconteceu com ela no banheiro aconteça de novo, e pede que ele a penetre, o que ele tenta fazer.

Tudo isso é relatado pelo menino a sua analista com bastante angústia. Ela vai à escola para falar do relato de abuso sexual ocorrido no banheiro.

Nesse caso, fica evidente como foi traumática a interferência da sexualidade adulta (abuso sexual no banheiro) para a menina, produzindo grande sobrecarga excitatória. Sobrecarga que ela busca evacuar no vínculo com outra criança, que também se sente oprimida e angustiada. A menina desenvolve uma compulsão a ser tocada e a iniciar uma genitalidade precoce, como maneira de evacuar o excesso que, longe de se acalmar, se recarrega para continuar.

A terapeuta denuncia o abuso sexual do adulto na escola, que é crime, resguardando a intimidade da brincadeira sexual entre púberes.

Professores como destinatários de denúncias de abuso sexual

Os professores são os agentes mais importantes da saúde mental na infância e na adolescência.

Quando as redes de apoio familiar não funcionam ou são insuficientes, outras redes institucionais, como as oferecidas por professores nas escolas, são apoios essenciais para crianças e adolescentes.

A sexualidade tem sempre algo difícil de assimilar. No âmbito da pedagogia, muitas vezes parece necessário converter uma experiência em uma série de conteúdos precisos a serem transmitidos. Mas no campo da sexualidade, isso não é tão fácil.

Algo essencial para os professores é gerar um clima de confiança para que o adolescente ou a criança possam falar de algo que está acontecendo com eles e que os angustia.

Como se constrói? A ligação emocional, o respeito ao sigilo proporcionando-lhe um espaço privado para falar, dar apoio para que escolha o professor que lhe pareça mais confiável, poder tolerar não compreender sem apressar-se fazem parte das condições necessárias para que um adolescente ou uma criança comecem a falar.

Para o adulto, na maioria das vezes não é fácil dar uma resposta imediata. Talvez possa fornecer uma palavra fundamentada se foi capaz de simbolizar anteriormente o que a criança está trazendo como preocupação. Geralmente, é mais importante para o jovem ter alguém disposto a escutar sem julgar que obter uma resposta exata. Muitas vezes, a resposta esperada é que o professor dê suporte a um tema que angustia e que não tem com quem compartilhar. A resposta esperada é contenção e disponibilidade. Isso já é muito.

No entanto, às vezes os adultos só valorizam dar uma resposta que contenha uma sugestão sobre o que fazer.

Muitos outros adultos negam ou reprimem o problema, olhando para o outro lado ou minimizando, criando assim um abismo muito difícil de reverter.

Precisamos saber que muitas consultas ou situações surgidas nas escolas relativas à questão da sexualidade têm grande impacto nos adultos, professores e diretores, que em geral precisam pensar com outros a respeito de cada situação. Dizer ao adolescente que o que ele coloca exige que o professor pense e retome em outro momento, dando ao adulto algum tempo para processá-lo primeiro e revisá-lo com outros, longe de ser decepcionante, pode constituir-se numa resposta muito valorizada e aliviante para quem está sofrendo e precisa ser escutado.

Às vezes, os indícios surgem pela apatia, pelo isolamento do adolescente, ou por ficar dormindo. Qualquer um desses comportamentos, bem como chegar à escola bêbado ou sob influência de algum outro consumo, costuma ser o modo de passar uma mensagem aos adultos para que alguém registre o mal-estar que o adolescente sofre e que às vezes ele mesmo não consegue reconhecer.

Que um adulto dentro da instituição se sinta interpelado e tente iniciar um diálogo em geral é muito valioso, uma vez que esses comportamentos são sempre uma convocação para algum adulto notar e responder.

8. Diferenças diagnósticas em adolescentes com comportamentos sexuais abusivos

A clínica hospitalar com adolescentes nos confronta hoje com algumas consultas que em anos passados não recebíamos. Esses problemas floresceram no âmbito de uma sociedade com enormes desigualdades e uma cultura que criou e abrigou em seu seio uma multiplicidade de formas de submissão da subjetividade ao poder centralizador do mercado.

Esse eixo que o mercado instalou em torno do consumismo, que apaga toda a ética de solidariedade entre os sujeitos e conduz ao individualismo extremo, oferece uma ilusão de pertencimento para quem tem acesso ao maior consumo e uma experiência de exclusão para quem não pode acessá-lo.

Há, portanto, subjetividades constituídas sob o modo de ser a partir de ter cada vez mais, com o consequente medo de serem privadas; e outras subjetividades organizadas a partir de terem sido despojadas e excluídas de ter objetos básicos que dão dignidade a um sujeito, mas longe de exigir e reivindicar esse direito, inscrevem-se na lógica do poder assumindo a submissão como destino inapelável. Assim, é interessante pensar as consultas atuais à luz de uma cultura de submissão que floresce no capitalismo globalizado.

De acordo com esses paradigmas, hoje são frequentes os abusos sexuais de crianças ou adolescentes por adultos, o tráfico de pessoas para submetê-las à prostituição nas províncias mais pobres por meio do recrutamento de adolescentes e jovens, os adolescentes que vivem na rua porque fugiram de famílias que reproduzem contra os filhos as formas de violência social que os vitimam, os casos de feminicídios, a violência contra identidades culturais ou sexuais minoritárias etc.

Adolescentes que crescem marginalizados, amontoados em casas superlotadas e condições de grande precariedade social reproduzem em suas formações sintomáticas as várias faces da submissão: submetem os outros, ou permanecem sujeitos às condições mais extremas.

Todas essas formas de violência social vêm crescendo e também ganhando visibilidade nos últimos tempos, chegando em número maior de consultas às equipes de saúde pública em hospitais.

O que produz maior impotência para nós que trabalhamos com esses adolescentes é a naturalização dessas situações pelas maiorias sociais, sob os processos de banalização da injustiça social, como descrito por Christophe Dejours (2006).

A ausência de um lugar presente e futuro para eles na sociedade, a impossibilidade de gerar ilusões, somadas às múltiplas vivências de desamparo, abuso, ignorância e violência, dificultam a constituição de categorias fundamentais nos adolescentes como responsabilidade, empatia com os outros e confiança. Tudo isso facilita a passagem ao ato.

Desta vez, nos concentraremos nos comportamentos sexuais abusivos de adolescentes em relação a crianças, um problema que se tornou mais visível e para o qual as consultas têm aumentado.

Quando um adolescente pratica esses atos, geralmente produz-se uma explosão nos adultos ao seu redor: alguém vê ou a criança que foi violentada conta, então se interrompe a repetição do referido ato e costuma desencadear-se um confronto entre os adultos responsáveis pela criança menor e pelo adolescente que cometeu o ato abusivo. Como isso geralmente acontece dentro de uma família, ou em ambiente vizinho, tendem a ocorrer rupturas de vínculo que, muitas vezes, deixam a família do adolescente em situação ainda mais precária que aquela em que se encontrava.

O nível em que o trauma afetou a criança menor dará a orientação da gravidade do ocorrido.

Construção da masculinidade nesses adolescentes

Juan Carlos Volnovich (2006) trabalha no processo de construção da identidade, de vir a ser homem, concordando com o que Silvia Bleichmar (2006a) discute em *Paradoxos da sexualidade masculina*. Diferentemente da menina, cujo corpo é para a mãe uma continuação de si mesma, "*ser* como a mãe", no caso do homem trata-se de *fazer* um movimento de afastamento da mãe desde cedo, em um processo paulatino de "tornar-se homem". Para Volnovich, nos homens seria uma questão de construir sua identidade de gênero e sua sexualidade de forma consubstancial com a violência e com o desejo de dominar atrelado a uma vocação de poder. A necessidade do homem de ser forte, independente, durão e ativo está relacionada à necessidade de validar sua masculinidade, confirmando que o primeiro dever de todo homem é *não ser mulher*, e para isso é imprescindível ficar o mais longe possível de sua mãe. Mas, ao mesmo tempo, isso implica não ser infantil, razão pela qual o menino precisa em geral ser muito forte para lutar contra o medo da passividade. Assim, na puberdade e na adolescência, os homens tendem a se sentir submetidos a um imperativo de performance viril que tem como eixo a turgescência do pênis, símbolo da onipotência.

A presença e o reconhecimento do pai, e no âmbito social também dos pares masculinos e de outros referentes, como professores ou líderes comunitários, são muito importantes nesse momento. Desqualificações, humilhações e ser ignorado por parte do pai ou substitutos obstruem esses movimentos identificatórios.

As atuações sexuais na adolescência podem ser responsáveis pelo exercício de poder por meio da sexualidade, como tentativas de reafirmar uma identidade viril quando as condições familiares e sociais falham.

Algumas hipóteses habituais, como a de que o adolescente que tem comportamentos sexuais abusivos na infância foi submetido a uma situação de abuso sexual por parte de um adulto, às vezes não são corroboradas na clínica. Trabalhando com esses adolescentes, o que se encontra é uma diversidade de situações de abandono emocional, um narcisismo primário que se constituiu com um déficit de narcisização por parte dos adultos que os criaram, situações de violência e, sobretudo, a falta ou perda de reconhecimento pelo pai.

Algumas questões orientadoras para pensar as diferenças de diagnóstico

Em relação ao adolescente agressor, como nos posicionamos para revelar, junto com ele, o significado do ocorrido e como medimos o risco de que esses atos se repitam?

Existe um ego em funcionamento no momento que a ação é realizada, ou trata-se de um impulso que constitui uma descarga pulsional direta na ausência de um ego? Em outras palavras, há a intenção de mostrar algo do que é próprio de outro sujeito na realização desse ato, para convocá-lo a dar-lhe uma resposta que ele está esperando? Ou trata-se de um ato sem sentido que constitui pura descarga sem contemplar a existência do outro?

Como o sujeito se posiciona frente a suas próprias ações? Como as relações se estabelecem entre ele e os outros? Ele se pergunta por que fez isso, mostrando assim que desconhece os motivos que sabe que tem? Ou não há pergunta e, diante da pergunta de outra pessoa, a resposta seria: "Porque eu quis"? O que acontece nesse sujeito com o pensamento, camufla-se de atuação, apagando qualquer diferença?

A culpa e a vergonha se constituíram nesse sujeito? Tratar-se-ia de um sujeito com um aspecto dissociado marcado por uma compulsão diante da qual seu ego se horroriza; ou se trataria de uma provável futura perversão, caso em que toda a vida psíquica se ordenaria desse modo?

Uma corrente psíquica perversa na infância poderia tornar-se perversão na idade adulta?

Essas e muitas outras questões determinam diferenças diagnósticas.

Recorrendo a teorias

Ona Sujoy (em Morici & Donzino, 2017) argumenta que as categorias perversão e psicopatia já não descrevem mais a multiplicidade de fatores que intervêm na descarga violenta de adolescentes, por exemplo, em assassinatos, ferimentos graves a terceiros, ferimentos a si mesmo ou estupros. Ela se refere *à impulsividade* como impulsos ou forças irrefletidas e irresistíveis para realizar um ato que envolve uma descarga pulsional direta. Refere-se a autores do século XX, como Ajuriaguerra, P. Schilder e L. Bender, que diferenciavam impulsividade e compulsão. A impulsividade não é acompanhada de reações ansiosas e às vezes é vivenciada com satisfação. Em contrapartida, atos obsessivo-compulsivos, como o temor de cometer um ato absurdo, com fins indecentes, de agredir ou roubar, habitualmente estão acompanhados de uma luta angustiante do sujeito para não os cometer, que evitaria sua realização. Isso teria marcado diferenças entre psicopatia, perversão ou psicose, de um lado, e neurose, no caso das compulsões, na classificação desses autores do século passado.

Ona Sujoy propõe tomar de Jacques Lacan (2007) a diferença entre as categorias de *passagem ao ato* e *acting out*. Na passagem ao ato há uma desconexão do outro, não há sujeito no momento que o ato ocorre. Existe dessubjetivação. Se lhe perguntassem por que fez isso, ele diria: "Não sei"; "Tive vontade".

No *acting out* haveria uma razão, um significado, que o próprio sujeito desconheceria. Seria chamar a atenção do outro para um conteúdo que não teria outra via de expressão a não ser aquela ação.

Ona Sujoy (em Morici & Donzino, 2017) propõe:

> *Parece-me apropriado o conceito de* catástrofe vincular *para considerar a superestimulação produzida, seja por*

> *excesso (maus tratos, abuso) ou por déficit de vínculo (negligência física e emocional), que se veicula em expressões corporais ou em comportamentos disruptivos nos quais surpreende a ausência de significantes verbais que não se instalaram ou não são usados como mediadores em sua função de descarga.*

A catástrofe vincular seria a potência devastadora exercida pelas figuras maternas e paternas e pelas instituições que intervêm no cuidado da criança, por meio da violência que exercem ao longo de sua infância, causando efeitos psíquicos que exigem árduo trabalho para a sua recuperação. A ruptura de continuidade que ocorreria a cada mudança crítica causaria estados de catástrofe psíquica com vivências de desmembramento narcísico e a incerteza de existir para o outro. Pensar e atuar ficariam fundidos, e pensamento e linguagem, à disposição da descarga.

Donald Winnicott e a tendência antissocial

Donald Winnicott refere-se à tendência antissocial e não à delinquência, pois ressalta as dificuldades que foram geradas no desenvolvimento emocional, para as quais considera adequada não só a terapia, mas sobretudo a assistência ambiental especializada.

"A tendência antissocial se caracteriza por conter um elemento que obriga o ambiente a adquirir importância" (Winnicott, 1991a). Implica uma esperança, que não é permanente na criança ou no adolescente. É expressa como um comportamento antissocial em momentos de esperança. "Repetidamente, vemos como aquele momento de esperança é desperdiçado ou arruinado por causa de manejo inadequado ou intolerância" (Winnicott, 1991a).

Ele argumenta que a tendência antissocial é produto de privação verdadeira. A criança perdeu algo de bom que tinha até certo momento e foi levado embora. A expropriação tornou-se tão generalizada que ele não consegue mais se lembrar da experiência vivida antes. Seria um estado traumático prolongado.

A *privação* teria ocorrido em um período anterior a ter conseguido fusionar as raízes libidinais e agressivas do id.

Winnicott argumenta que a tendência antissocial teria duas orientações possíveis: para o roubo e a mentira; ou em direção à destrutividade. Nesse último caso, a criança buscaria o grau de estabilidade ambiental capaz de suportar a tensão causada por seu comportamento impulsivo. Procuraria obter o suprimento ambiental perdido. De modo pontual, uma atitude humana na qual pudesse confiar para se sentir livre e voltar a se entusiasmar.

Winnicott relaciona o comportamento antissocial com o *acting out* ou atuação, e os vínculos da sintomatologia com o sexo, entre outros.

Considera a tendência antissocial não ligada a nenhuma patologia em especial, podendo ocorrer em casos de neurose ou de outras psicopatologias.

Contribuições de dois psicanalistas argentinos para pensar o conceito de perversão na contemporaneidade

Silvia Bleichmar: compulsão ou perversão?

A esse respeito, Silvia Bleichmar (2016) afirma: "o que caracteriza, na infância, uma corrente perversa que pode se tornar perversão adulta é não renunciar ao gozo com base no amor ao semelhante. Porque, em última instância, o que torna possível a renúncia ao gozo é o amor ao outro e, *a posteriori*, a identificação da lei que emana do outro".

Isso implica que a criança renuncia por amor ao outro, e não por medo ou porque vão puni-la. Renuncia por medo da perda do amor do outro, referindo-nos a seus objetos significativos. Nesse sentido, quem não recebeu amor e carinho não teria motivo para essas renúncias.

Em relação à diferença entre compulsão e perversão, ela afirma que seria necessário ver como o sujeito se posiciona diante de seus próprios atos compulsivos, como o seu superego os avalia.

Quando fala em compulsão, refere-se ao fato de que naquele momento, o do exercício desse ato, há ausência de um sujeito. Quando estamos diante de uma bulimia, por exemplo, ou de um adolescente que se corta, não se trataria de um sujeito que toma a si como objeto, mas de não se saber quem é o sujeito, pois uma parte dessubjetivada estaria exercendo uma ação contra o próprio corpo.

Na perversão, ao contrário, há o gozo de se instalar em um lugar de amo absoluto da lei em relação ao outro.

Ela argumenta que não é possível pensar o autoerotismo apenas como uma forma de gozo com o próprio corpo, mas como um modo no qual não há consideração pelo outro como tal. Isso implica que pode haver ações com o corpo do outro que constituem um exercício pulsional autoerótico.

"O que significa autoerótico em última análise? A busca de um modo de resolução da tensão sexual sem intersubjetividade. Essa seria a definição que eu daria hoje de autoerótico" (Bleichmar, 2016, p. 241).

Isso implica que a busca pela descarga se realiza fora do reconhecimento do outro como semelhante, o que implicaria uma série de reciprocidades. O outro não é reconhecido como sujeito.

Silvia Bleichmar (2011) trabalha a construção do sujeito ético e afirma que não se trata de argumentar sobre os limites, mas sobre as leis que constituem o sujeito. Nesse sentido, ela se pergunta o que acontece se a lei não estiver inscrita no outro ser humano que vai subjetivar esse sujeito. Como isso funciona na constituição de barreiras morais e diques na criança.

Considera o superego diretriz e organizador psíquico, que desempenha funções de equilíbrio.

Debatendo com Freud e Laplanche, considera que a questão central da perversão é o lugar do sujeito diante de sua própria ação, diante de sua própria fantasia, e a relação que estabelece com a lei. Diferencia entre o cumprimento da lei e o cumprimento do gozo que se expressa na compulsão.

A compulsão é a forma como o exercício do gozo se manifesta em muitos casos. Como não é regido pelo princípio do prazer, mas pelo além deste, não é o sujeito que goza, mas é o gozo que o aprisiona. Ela argumenta que o problema da compulsão é que o sujeito exerce a ação e a resolução da tensão libidinal psíquico-somática é insuficiente porque não consegue articular-se a toda a sua vida psíquica. A ação é insatisfatória para o sujeito e ele precisa reproduzi-la novamente com prazos que tendem a se reduzir.

O que estaria no eixo do problema do funcionamento psíquico seria o estatuto da representação: se ela está ligada, não ligada, liberada à compulsão, capaz de ser articulada, capaz de ser ressimbolizada, reprimida, não reprimida.

A primeira coisa que se deve localizar é como o sujeito teria se posicionado diante do gozo: se o vive de modo sintônico, se o vive com angústia, se lhe parece que tem direito a ele. Ou seja, como se articulou o sistema de representações egoicas ao gozo.

Uma das questões que Silvia Bleichmar nos convida a diferenciar é se há fixação ao inconsciente (estaríamos no terreno neurótico, com conteúdos recalcados e ordenados de algum modo) ou fixação do sujeito ao gozo. Nessa última, não haveria fixação no inconsciente nem a um sistema psíquico. A representação não estaria fixada e aprisionaria o sujeito, portanto, este não poderia exercer uma ação de censura ou repressão a isso.

Quanto ao papel do recalque na constituição da moralidade, Bleichmar defende que não basta ter passado pelo complexo de Édipo para que a moralidade se constitua, mas que é imprescindível que o sujeito se subordine a uma lei que seja de interesse à sua comunidade de pertencimento, não apenas ao objeto. Ela dá o exemplo do controle dos esfíncteres, que tem um primeiro momento de renúncia por amor ao objeto, mas que depois acaba se constituindo porque o sujeito se envergonha diante da comunidade de crianças do jardim de infância.

Por isso considera que a raiz da moralidade está ligada à da ética, à relação com o outro. A contenção não implica apenas a renúncia a uma ação. Também é o sujeito sepultar o desejo de realizá-la ou ter vergonha quando esse desejo retornar. A renúncia é pela autoestima do ego; para ser respeitado pelo ego e depois amado pelo ideal.

Resgatando Paula Heimann, afirma que o superego não é lei pura. É impossível incorporar a norma sem amar quem a estabelece. Seria a quantidade de amor que prevaleceria na incorporação da norma como organizadora do psiquismo. Caso contrário, sua incorporação se realizaria de maneira aterrorizante, de modo perverso.

Também afirma que a pessoa que consulta não costuma sofrer a compulsão de maneira homogênea. Haveria elementos nos quais se apoiar para analisar a posição do sujeito diante do que ele se envergonha de ter feito.

Também diferencia o sentimento de culpa do medo de perder o objeto. Uma coisa é temer a possibilidade de sanção social que cause prejuízos, e outra é sentir-se culpado por ter causado dano e dor ao outro. A culpa é um sentimento no interior do sujeito, enquanto o medo de perder o objeto se relaciona com a dependência do adolescente de outras pessoas.

O sentimento de culpa pelo dano causado a outrem é totalmente alheio à perversão e surge no campo da neurose.

Enrique Carpintero

Enrique Carpintero (2014a, capítulos 7, 8 e 14), baseando-se em Freud, propõe delimitar a sexualidade que denomina perversão das que constituem os modos do erotismo. Ele trabalha em especial o conceito de pulsão de morte. Argumenta que uma das características fundamentais da perversão é um ódio primário profundo.

No *estado de desvalimento originário* que a criança vive ao nascer (sente seu corpo vazio e fragmentado), ela necessita de um "primeiro outro" que forme um espaço afetivo, libidinal, imaginário e simbólico que lhe permita tolerar suas fantasias de morte e destruição e ir ao encontro das suas pulsões de vida.[1]

---

1 Toporosi reitera que todos estivemos desamparados nos primeiros tempos da vida, mas, se o ambiente tiver oferecido amparo, entramos no estado de dependência e deixamos de ser desamparados. Assim, seguindo a importante proposta de Carpintero, ela enfatiza que quando houve, nas origens da existência humana, um estado afetivo com um "primeiro outro", que logo depois falhou, falamos de desamparo. Mas, quando o vazio ocorreu desde o começo da vida, e não houve esse "primeiro outro" que funcionasse como suporte, produzindo uma ligação narcisística, falamos de desvalimento. Nesse caso, fica um vazio, repetindo e

Quando esse espaço que ele chama de espaço-suporte se constituiu, mas depois falha, ocorre *o desamparo*, e aparece *o desligamento*, que pode voltar a se ligar por meio do processamento simbólico.

No *desvalimento*, por outro lado, esse "primeiro outro" falhou ou não esteve desde o início. O resultado é um sujeito cujo trauma de nascimento foi impossível de elaborar, pois algo que não esteve vinculado é impossível de ser simbolizado. Encontramos com o *não vinculado*. A falha do "primeiro outro" não permitiu o vínculo narcisista, e o efeito é uma repetição radical. A pulsão de morte se desligou da pulsão de vida e leva à violência destrutiva e autodestrutiva. Quando o espaço-suporte não foi possível ou funcionou parcialmente, deparamos com a "morte-como-pulsão".

Como a morte-como-pulsão se manifesta? Como repetição: o sujeito repete vivências passadas que não contêm qualquer possibilidade de prazer. Seria uma repetição radical, pois se repete sempre da mesma forma. É a característica das patologias do negativo, e daí decorre sua gravidade. Também se manifesta a partir de um superego que é sede da pulsão de morte, que a partir da culpabilidade e da necessidade de punição torna-se um terreno de cultivo da pulsão de morte.

Essa distinção conceitual tem um correlato clínico que marca diferenças importantes. *No desamparo, será necessário trabalhar para o processamento simbólico. Já no desvalimento, o trabalho terapêutico consiste em poder o sujeito viver com esse vazio no simbólico.*

---

repetindo no psiquismo, violência destrutiva e autodestrutiva – pois o sujeito não pode simbolizar. Portanto, haverá uma diferença significativa no trabalho clínico: no desamparo, pode-se contar com a possibilidade de uma elaboração simbólica; no desvalimento, já se sabe que não é possível tal estado, e o trabalho é o de ajudar o sujeito a viver com esse vazio no simbólico [N.R.T.].

Carpintero afirma que o tempo presente de nossa cultura gera novas formas de processar a pulsão de morte que não haviam sido analisadas na época de Freud.

Não é em relação a uma norma que Carpintero determina o que é próprio das chamadas perversões, mas em relação a uma sexualidade a serviço da morte-como-pulsão. Ele afirma que a característica da organização perversa é a natureza compulsiva do ato, como resultado da angústia automática. Ou seja, uma angústia primária, não ligada, que o sujeito tenta acalmar passando ao ato a partir do ódio arcaico. Nisso que precisa cumprir, acontece que quanto mais angústia, mais compulsão, o que gera mais angústia, formando um circuito em permanente movimento. Teremos um sujeito com certas modalidades de seu aparelho psíquico determinadas pelo narcisismo primário, em que ele trata o outro como coisa e acaba sendo uma coisa também. Por isso encontramos: denegação,[2] cisão do ego,[3] angústia automática, compulsão e passagem ao ato a partir do ódio arcaico.

A sexualidade se expressa como denegação do corte e da morte e se impõe ao sujeito como atos repetitivos que produzem processos de desestruturação subjetiva. A cisão do ego, como mecanismo principal, impede que se organize o conflito psíquico e que o ego registre angústia.

2 Modo de defesa consistente em que o sujeito recusa reconhecer a realidade de uma percepção traumatizante (Laplanche & Pontalis, 1968).

3 Termo usado por Freud para designar um fenômeno muito específico: a coexistência, dentro do ego, de duas atitudes psíquicas em relação à realidade externa, na medida em que contradiz a exigência pulsional: uma delas dá conta da realidade, a outra nega a realidade presente e a substitui pela realidade de desejo. Ambas as atitudes coexistem sem se influenciarem reciprocamente (Laplanche & Pontalis, 1968).

D., 13 anos[4]

Chega à consulta hospitalar. É trazido por sua mãe, J. Esta demonstra sua angústia a partir de um episódio ocorrido poucos dias antes. Ambos moram em um quarto sublocado de uma mulher em uma casa compartilhada com várias famílias. J. trabalha muitas horas em uma fábrica, e é separada do pai de D., que mora no exterior. D. tem um irmão mais velho muito idealizado por ele que está em seu país de origem, e com quem seu pai se comunica por telefone. D. sonha em falar com o pai, como faz o irmão, mas isso não acontece. O contato entre os dois foi cortado.

O pai não liga para ele e a mãe não tem dinheiro para ele ligar para o pai.

D. passou três anos com sua avó materna e longe de sua mãe, até que a mãe arrumou um emprego em Buenos Aires e conseguiu trazê-lo. É um trabalho informal, sem direitos trabalhistas.

Uma manhã, J. estava trabalhando e foram procurá-la para dizer que algo muito sério havia acontecido com D. e a polícia estava chegando. D. teria "abusado" de um menino de 8 anos de outro cômodo da mesma casa, com quem brincava regularmente. Queriam bater nele e o acusaram de estuprador.

Quando J. voltou para casa, encontrou o seguinte quadro: D. não respondia às suas perguntas sobre o que havia acontecido. Depois de um tempo, baixando a cabeça, disse à mãe que era verdade o que tinham dito: ele havia colocado seu pinto no traseiro do menino de 8 anos e o penetrara.

Os pais do menino disseram a J. que havia abusado do seu filho e que teria de pagar um psicólogo particular porque senão "teriam que denunciá-lo". O resto dos vizinhos a culpava. A inquilina que

4 Esse caso foi publicado em Capacete (2017).

sublocava ficou furiosa porque, se a polícia viesse, a questão da sublocação seria revelada e, para evitar que isso acontecesse, ela exigiu que fossem embora naquele exato momento. J. havia pago um depósito muito elevado para alugar e a mulher não queria devolvê-lo, e também pretendia que ela fosse embora imediatamente para evitar a devolução do dinheiro.

A situação terminou com os pais do menino de 8 anos fazendo a denúncia no juizado de menores, ameaçando denunciar J. na igreja a que pertenciam e com ela precisando vender suas ferramentas de trabalho para poder sublocar outro cômodo. Nessas condições, eles chegam à consulta.

Diante desse cenário, e antes de me comunicar com o tribunal interveniente para avisar que estavam comparecendo, pareceu-me muito importante criar um ambiente de escuta para ambos, para conter a angústia da mãe e ter uma impressão própria sobre qual era a posição subjetiva a partir da qual esse adolescente teria praticado os atos abusivos.

Entrevistas e sessões com D.

Naquele mesmo momento, depois de conversar com a mãe, entrevistei D. Eu disse a ele que estávamos em um espaço terapêutico que nada tinha a ver com o tribunal. Estávamos ali para compreender o que estava acontecendo com ele para ter feito o que fez e para ver se ele poderia reconhecer que precisava de ajuda e pedi-la.

D. me contou que um dia sua mãe o deixou sair e ele viu como um amigo seu estava abusando de uma menina. Ele a estava obrigando. Ele tinha 15 anos e ela 12.

T. – "Quando você viu o que aconteceu, o que você sentiu?"

D. – "Que era ruim."

T. – "Você já tinha visto isso antes?"

D. – "Sim, quando eu tinha 10 anos e estava no meu país. Minha mãe estava aqui. Eu morava com meus avós e meus tios. Minha avó me disse para descer para pegar roupas para o bebê da minha tia. Eu vi meu primo de 15 anos que estava abusando da minha prima de 8 anos, que era sua prima. Minha prima não dizia nada. Fiquei calado, não contei à minha tia. Eu não queria que eles fizessem algo ao meu primo."

T. – "Como você se sentiu por não contar?"

D. – "Me senti mal por não contar."

T. – "E o que aconteceu com você há duas semanas?"

D. – "Eu estava brincando de luta com um menino de 8 anos. Eu pensei no que vi. Nesse dia eu abusei dele. Ele não disse nada, ficou calado."

T. – "Quantas vezes você fez isso?"

D. – "Já fiz três vezes. Na terceira vez, o irmão entrou e viu. Todos contaram à dona. Minha mãe me perguntou por que eu fiz isso. No fim, achei que era ruim. Quando o vi fazer essas outras vezes, também achei que era ruim."

T. – "E o que você pensa sobre por que você fez isso?"

D. – "Porque toda vez que me lembrava disso eu queria fazer."

T. – "Alguém fez isso com você?"

D. – "Não. Uma vez um primo quis me tocar e eu não deixei. Agora minha mãe contou para a minha avó o que eu fiz. Minha avó vai me olhar feio!"

T. – "Você se arrependeu?"

D. – "No final de tudo, sim. Mamãe está triste porque eu fiz tudo isso. Eu queria fazer para ver como era. A mãe do menino não me deixava brincar com ele porque disse que posso machucá-lo porque sou maior."

A história dele não tem uma carga de angústia, mas não é desafetada. Sinto que ele está emocionalmente envolvido no encontro comigo. Aqui me detenho especialmente para transmitir a importância de registrar a contratransferência: como me sinto frente a seu relato? É evasivo para se esquivar? É mentiroso? É negador? É desafetado, como se fosse a expressão de um estado em que ele não está presente, como se estivesse em outro lugar? Nada disso aconteceu com D. Ele também não estava muito angustiado.

Ao pedir-lhe para desenhar alguma coisa, ele desenha a casa da avó, as bancas do mercado onde costumava vender com ela. Ele conta que sente falta da avó, que era muito carinhosa. Ele não pode telefonar para ela. Em seguida, desenha o irmão mais velho e o pai. A meu pedido, cria uma história em que os dois viajam de barco e se divertem muito. D. lembra que seu pai uma vez os visitou, saiu com ele e com seu irmão. Ele só falava com o irmão, não falava com ele e isso doeu muito.

O irmão, por sua vez, não queria que D. chegasse perto dele quando estava com seus amigos, mas que fosse rápido para casa. Diante disso, D. tinha vontade de bater no irmão, mas não conseguia porque ele era maior.

Questionado sobre se havia algo que o preocupava a seu respeito e que gostaria de consultar, respondeu que sim. Estava preocupado por ser muito baixo e queria crescer. Os meninos da sua série o importunavam por isso e ele sofria muito.

D. estava muito comprometido com o tratamento. Não faltava, mesmo tendo de viajar sozinho. Ele aprendeu a viajar, embora morasse muito longe.

Ele começou a trazer livros que haviam sido significativos em sua história. Desenhava muito na sessão. Falava dos conflitos com sua mãe. Com base no que trabalhou nas sessões, e tendo reconhecido a dor causada pelo desinteresse do pai por ele, começou a escrever para o pai no Facebook, após tê-lo procurado e encontrado. O objetivo principal do acesso ao computador que lhe foi dado na escola era buscar comunicar-se com o pai.

D. priorizava muito a criação de laços de amizade com os colegas.

Ele havia conseguido se aproximar e se tornar amigo íntimo de um colega chinês, com quem compartilhava o fato de ser estrangeiro. Seu amigo tinha uma infraestrutura familiar mais sólida. Passava muitas horas da tarde na casa do amigo, ambos iam juntos e com outros a atividades de futebol. Ele se preocupava muito com o que daria para o amigo, que ele amava muito, no aniversário. O tratamento tornou-se uma importante experiência de subjetivação para D.

Senti o cuidado que ele tinha no vínculo comigo e com seus colegas, e a disposição que demonstrava para reparar a experiência que fizera com que ele e a mãe sofressem tanto.

O ato abusivo

Dá a impressão de que a visão precoce, aos 10 anos, de uma situação de sexualidade entre seus primos, em que seu primo submetia a prima e ela não o denunciou, tinha sido muito excitante e chocante para D., e tinha ficado girando em seu psiquismo em busca do momento oportuno para tentar ser processado. Nas duas situações a que assistiu olhando passivamente, frisou que a criança mais nova se deixara submeter. D. não deixou de buscar a oportunidade para descarregar uma quantidade que pulsava intensamente a partir de uma corrente psíquica sua.

Dá a impressão de que foi um *acting out* ou atuação, com um significado que ele começa a construir na entrevista. Pode encadear eventos passados com os quais ele relaciona seu ato abusivo.

Surge a culpa por algo que fez que seria ruim para o outro. Também o preocupa ser desprezado pela avó, que foi quem o criou e por quem se sente amado, e ter causado a tristeza de sua mãe. Sente vergonha.

Algumas reflexões diagnósticas sobre D.

Após alguns meses de tratamento, podemos concluir que D. transita sua excitação sexual como adolescente, e tanto a presença próxima dos corpos em seu quarto, que divide com sua mãe (antes também dividia a cama), quanto o contato próximo com outros corpos em uma casa superlotada estimulam a excitação que obviamente não se acalma apenas com a masturbação, porque ele tem uma carga excessiva para seu ego a partir da visão da sexualidade entre seus primos.

D. cresceu e vive em uma cultura em que a submissão é comum. A realidade socioambiental em que sua vida se desenvolve é extremamente precária. Estão totalmente naturalizadas as condições precárias de trabalho de sua mãe, e as condições de moradia superlotadas de ambos.

Porém, e apesar da tremenda condenação social após o ato abusivo, a mãe não rejeitou D., ela o trouxe para a consulta e apoiou esse processo.

A separação do pai e a falta de reconhecimento do irmão e do pai, que ele associa ao fato de ser o caçula, com certeza abalaram sua autoestima. Diante disso, D. sente que não consegue enfrentar. Ele permanece submetido à condição de sentir-se "ninguém" diante de seu pai e seu irmão, enquadrado em uma sociedade que reforça essa identidade.

Seu relacionamento com os colegas de escola, especialmente com os meninos que o importunavam, confirma seu sentimento de impotência. A baixa estatura pode ser entendida como uma preocupação muito comum na adolescência, já que alguns homens demoram mais para crescer. Por outro lado, existem fatores constitucionais, já que sua mãe, por exemplo, também é muito baixinha. Mas ele sofre muito com isso, certamente porque ali está em jogo algo da construção de sua identidade sexual, não se sentir homem como os outros homens.

A visão repetida de cenas em que um adolescente mais velho submete uma criança mais nova e a mais nova não se retira e se deixa submeter oferece-lhe um caminho de identificação com o poderoso ligado ao que poderia sentir como uma reafirmação masculina.

Há um fato importante: quando D. vê a cena do primo de 15 anos submetendo a priminha de 8, ele se identifica com o autor do crime, não com a vítima. Podemos nos perguntar se este não é o efeito de um trauma em que ele ocupou um lugar passivo, embora até o momento D. afirme não ter sofrido abuso sexual. Nesta oportunidade, teria passado a ter o lugar ativo. A compulsão permitiria que ele tivesse o prazer de não estar no lugar da vítima.

Nessas situações, é necessário questionar se constituiu-se em D. um sujeito moral que "sofre" essa compulsão. Ou seja, se a pessoa tem vergonha e culpa por ter tido essa compulsão, mesmo que elas não apareçam no momento do ato abusivo, mas antes ou depois.

Quando pergunto se ele se arrepende, ele diz que sim e imediatamente se refere a não querer perder o amor da avó, e também reconhece que o que ele fez poderia ter machucado o menino de 8 anos. Este constitui um dado diagnóstico importante: ele sente que sofre sua compulsão.

D. precisa, além de repetir para tentar processar algo traumático de cunho sexual, processar algo de todo esse sentimento de se sentir indefeso diante dos poderosos como expressão de sentir-se pouco masculino, e ele encontra na cena de dominação sexual do grande ao pequeno um caminho propício. Ele busca a oportunidade de estar no lugar de submetedor (como expressão de masculinidade nos valores da cultura a que pertence) até que a encontra.

Rita Segato (2003), antropóloga que estuda a questão do estupro na intersecção entre gênero e psicanálise, afirma: "O estuprador se rende a um mandato de masculinidade que exige um gesto de extrema aniquilação de outro ser para se ver como homem, para se sentir poderoso, ver-se no espelho e pensar que merece o título de masculinidade. O interesse do estuprador é a potência e sua exibição diante de outros homens para ter valor como homem". Refere-se ao fato de ele ser proveniente de uma sociedade que estabelece essas desigualdades entre gêneros e coloca a masculinidade como exercício de poder sobre as mulheres e, poderíamos acrescentar, sobre um homem mais vulnerável e indefeso, como um menino pequeno.

Até o momento, poderíamos compreender alguns significados para seu ato abusivo, atrelado a um desejo de reafirmar sua masculinidade por se sentir pouco homem em virtude de sua baixa estatura e por não se sentir olhado e valorizado por seu pai e seu irmão.

Parecem predominar mecanismos neuróticos, com componentes como a angústia que sentia desde o primeiro momento (abaixou a cabeça e relatou o que havia feito), a preocupação em perder o amor da avó (seu objeto de amor, pois fora criado por ela), a presença de conflito intrapsíquico, a ansiedade como motor para atender e se comprometer com o tratamento, todos elementos que pude perceber a partir da minha contratransferência.

G., um adolescente de 17 anos

Chegou à admissão do hospital com sua mãe muito angustiada.

Seus pais tinham se separado e G. quase não tinha visto seu pai desde os 5 anos de idade.

O motivo da consulta foi que G. teve comportamentos sexuais abusivos com sua prima de 12 anos por três anos, e com sua prima de 5 anos, irmã da anterior, aparentemente por menos tempo. Essa menina contou à mãe e assim a situação explodiu. Ao chegarem ao hospital G. e sua mãe, os tios já haviam entrado com uma ação judicial.

G. tinha duas irmãs de 15 e 5 anos, com as quais não tinha esses comportamentos.

Era uma família com características endogâmicas. Ele morava na mesma casa que seus tios e primas. Seu tio dormia em um quarto. Em outro, sua tia com suas primas e, em outro, sua mãe com ele e suas irmãs. A mãe também trabalhava com o tio na casa.

Em relação à reação da família, os tios ficaram tristes, mas disseram que não podiam puni-lo por não ser filho deles. Em suas palavras, G. sentia que seu tio era como um pai, iam assistir ao futebol juntos.

Depois que descobriram o comportamento de G., ele e sua família se mudaram para outra casa, mas a mãe voltou a trabalhar com o tio, e o vínculo dela e das filhas com os tios e as primas continuou.

Em uma ocasião, quando G. deparou com a prima de 12 anos, ela o tratou como se nada tivesse acontecido e ele interpretou que ela teria esquecido o ocorrido. Enfim, G. não foi mais à casa dos tios.

Segundo a mãe, dois anos antes a tia tinha visto G. com sua boca nos genitais da prima de 10 anos, mas ninguém lhe disse nada pois consideraram que era uma brincadeira.

Entrevistas com G.

Na primeira entrevista com G., ao perguntar o que teria acontecido com ele, respondeu: "Tive curiosidade de saber como é ter relações sexuais".

Em nenhum momento surgiu qualquer preocupação sobre o que ele poderia ter causado em suas primas.

Ele nunca havia se relacionado com outras meninas, estudava numa escola técnica só com meninos, saía muito pouco, só jogava no computador, gostava de estudar. Os colegas da escola se reuniam e o convidavam, mas ele não ia.

Nas entrevistas, imediatamente falou de seu pai, que os abandonou quando ele tinha 5 anos. Ao lhe perguntar como se sentia a esse respeito, negou ter sido afetado. Disse que depois dos 5 anos de idade viu o pai poucas vezes, numa das quais a mãe engravidou da irmã mais nova. Ele não lhes dava dinheiro nem telefonava. A mãe nunca entrou com uma ação legal por causa disso.

"Quando o vi, ele nunca me disse que tinha outra família, uma mulher com outros dois filhos. Agora o vejo no Facebook, em uma foto com a família". Relatou isso com dor.

Após algum tempo de tratamento, ele disse que quando era menino sentia muita raiva ao ver que o tio comprava presentes para as filhas e ele não tinha pai para comprar para ele.

Em entrevista com a mãe, ela me contou que todos na família sofreram muito com a ausência do pai, inclusive ela. Decidi fazer uma entrevista familiar com mãe e filhos.

A irmã de 15 anos chorou pelo que aconteceu na família a partir do comportamento de G. e pela distância acarretada com os tios. Ela chorou dizendo que isso tinha acontecido em virtude da ausência do pai e que ela sentia muita falta dele. G. disse que para ele não era assim, que não sentia falta dele e que havia deixado de se importar com o pai. "Sinto que nunca me fez falta". Ver a dor da irmã pela ausência do pai o surpreendeu.

Na entrevista seguinte, G. disse que tinha percebido, na ocasião, que o que estava fazendo com as primas era errado, e pensou que se os tios descobrissem seria terrível, mas ele não conseguia parar e continuava.

Ao mesmo tempo, afirmou que já não se lembrava de nada do que havia feito e queria esquecer. Dizia que não queria vir ao hospital pois sentia que não lhe serviria para nada.

Algumas reflexões diagnósticas sobre G.

Trata-se de uma família em que parece não haver discriminação entre as gerações e na qual não há cortes. Mães e filhos compartilham quarto e camas. Cada membro do casal de tios dorme em quartos separados, e a tia dorme com as primas. O tio não fica zangado com ele ao saber o que ele estava fazendo com suas filhas, a mãe de G. volta a trabalhar com o tio. Seus comportamentos com a prima de 12 anos, de longa data, parecem naturalizados e começam a se repetir com a de 5 anos. A tia vê como brincadeira o fato de ele, aos 15 anos, ter chupado os órgãos genitais de sua filha de 10 anos, e não fez qualquer intervenção. A menina de 5 anos foi quem denunciou a situação.

Em G. parece não haver o funcionamento de qualquer instância superegoica. A angústia é com o exterior, ele parece não ter conflito com o que fez. Nem parece estar angustiado com o que provocou na família.

Aparentemente, o mecanismo predominante em funcionamento é a cisão do ego. A ideia de estar fazendo algo que não se poderia fazer coexistia com o fato de, uma vez realizado, não lhe causar conflito nem angústia, e ele repetia outra vez.

Provavelmente há ódio a seu pai por abandoná-lo e substituí-lo por outros filhos. Esse ódio poderia estar dissociado e ter sido o motor de seus comportamentos sexuais abusivos.

De qualquer modo, na época de seus atos abusivos, não parecia haver outro a quem fosse dirigido.

A pergunta que surge é se poderia estar se constituindo uma organização psíquica perversa.

Evolução de G.

Mesmo dizendo que seria inútil vir ao hospital, ele continuou vindo.

G. começou a frequentar uma igreja evangélica perto de sua casa. Lá integrou-se rapidamente a um grupo de jovens que se reuniam para tocar música nas manhãs de sábado. Nos fins de semana permanecia na igreja com outros jovens, em atividades sociais. O pastor, que conhecia sua história, disse-lhe que ele tinha começado também a ir à igreja após interromper atos dos quais se arrependia.

G., que até então havia permanecido trancado em sua família, sem contato social com outros adolescentes ou adultos, começou a exibir sua pulsionalidade fora da família.

Foi sendo investida a relação com o pastor como figura paterna e a frequência à igreja, e principalmente a banda musical, na qual ele aprendia e tocava teclado. A relação com o pastor e com os pares da instituição que o incluíram tornou possível para G. reparar parte da história traumática com seu pai.

Quando o verão chegou, G. começou seu primeiro emprego em uma oficina de costura. Ficava muito ocupado entre a igreja e a oficina. Ele começou a receber seus primeiros salários.

Depois de vários meses, ele começou a namorar com uma jovem da igreja.

Depois de um ano e meio, ao perguntar sobre a continuação do tratamento, G. pediu para não encerrar e continuar.

Uma questão crucial é o que teria acontecido com G. se não tivesse havido um espaço de acolhimento terapêutico e subjetivante como o da análise, além do vivido na igreja, que sem dúvida também teve efeitos importantes. Minha impressão é que possivelmente poderia ter se cristalizado em uma estrutura perversa. De qualquer modo, é preciso dar muito tempo para ver se há repetições ou não de comportamentos de coisificação do outro.

W., 14 anos: quando os adolescentes não querem vir nem conversar

Ele foi levado para a consulta por sua mãe. W. entrou na admissão interdisciplinar (com pediatra e psicóloga) acompanhado da mãe, que relatou aos dois profissionais, bastante preocupada, mas não angustiada, que trazia o filho porque duas vezes tinha tentado colocar seu pinto no traseiro da sobrinha de 5 anos, filha de A., irmã mais velha de W. A mãe da menina o teria encontrado naquela situação, o que gerou uma crise familiar, já que ela o teria acusado de abuso sexual e teria rompido o vínculo com ele e com a mãe.

Enquanto a mãe relatava o motivo da consulta, W. ficou em silêncio, ouvindo, com os olhos baixos e sem falar, mesmo ao lhe perguntarem se queria dizer algo.

Foi realizada uma primeira entrevista psicológica apenas com a mãe e, em seguida, outra com W. A mãe relatou que estava separada do pai havia nove anos. Ele trabalhava como motorista de caminhão e começou a beber muito. Ele nunca tinha sido carinhoso nem expressivo. Ele era severo, embora nunca tivesse batido nela. Tinham oito filhos, dos quais W. era o sétimo. Ele foi embora quando W. tinha 5 anos, aos 6 voltou por alguns dias, depois foi embora sem nunca mandar nenhum dinheiro, nem uma carta, nem um telefonema. Ele havia perdido o emprego, abandonou a família, mas nunca abandonou o álcool. De vez em quando, ele voltava, ficava um dia, tinham relações sexuais e ia embora.

W. vive com a mãe e a irmã mais nova numa pensão ocupada por um grupo de famílias. A mãe faz a limpeza da pensão, pela qual recebe algum dinheiro. Eles moravam em uma casa quando o pai vivia com eles e trabalhava.

Apesar de ser uma história de perdas significativas, os relatos da mãe tinham pouco afeto.

Em relação ao ocorrido, motivo da consulta no hospital, a mãe relatou que W. disse: "Ela me pediu para lhe pôr o pipi como faz L. (irmão da menina, que tem 9 anos)".

Quando a mãe contou a um dos irmãos mais velhos de W., este teria contado que ele também havia tentado abaixar suas calças.

A. solicitou que W. não pisasse mais em sua casa e disse para outra irmã: "Fique longe da sua mãe porque ela vai estragar a sua vida", culpando-a também.

A menina disse que ele tampou sua boca para ela não gritar e fez aquilo. A menina chorou porque doía seu traseiro, a mãe foi vê-la e assim descobriu.

W. não tem amigos na escola, tem dificuldade em aprender. Ele repetiu dois anos. Na avaliação psicopedagógica constatou-se que "tem vocabulário pobre, com atraso no desenvolvimento da linguagem e do pensamento em relação a um ambiente com pouca estimulação".

Ele andou aos 14 meses, demorou muito para falar. Nunca se defendia quando o agrediam, segundo o relato da mãe.

Em uma entrevista posterior com um dos irmãos mais velhos de W., ele me contou que W. ficava muito zangado porque a mãe tinha preferência pela irmã de 12 anos.

Primeira entrevista com W.

Ao me encontrar sozinha com W., pergunto-lhe o que ele diz sobre o motivo de ter vindo ao hospital. Não responde nada. Permanece mudo. Não gesticula, nem se angustia, nem fala, nem faz gestos.

Como eu e ele sabíamos o motivo da consulta, já que ambos tínhamos escutado o que a mãe havia dito na admissão, digo-lhe que o hospital não é um tribunal, nem somos nós juízes; que ele está em um serviço de adolescentes e que estamos aqui para entender por que ele fez algo a outro que certamente não gostaria que tivesse sido feito a ele, e que entendemos que se um menino faz algo que pode fazer outro sofrer, talvez seja porque está sofrendo e não encontra outro modo de expressar e, por isso, precisa de ajuda. Também falei do sigilo profissional.

Ele permaneceu em silêncio.

Entrevistas com W. e sua mãe

Quando a entrevista terminou, achei que seria importante a mãe poder contar a ele e a mim a história de W. A ideia era ouvir eu e ele juntos o que a mãe dizia, e ir dando sentido a alguns acontecimentos.

Eles trouxeram uma foto em que W. tinha 2 anos e estava sentado no colo do pai. Fizemos quatro entrevistas nas quais fui propondo sentidos, principalmente sobre o que W. poderia ter sentido diante do abandono do pai, com quem parecia, pela foto, ter tido relação importante. Ele ouvia com atenção, mas nunca intervinha. Também falamos de como teria sido difícil para ele compartilhar sua mãe com tantos irmãos, especialmente quando veio sua irmã mais nova e ele ainda era muito pequeno.

Winnicott (1991a), ao falar de privação, referiu-se à perda de um ambiente que significava uma boa estrutura que mais tarde se desfez. Dava a impressão de que a família havia tido um período de convivência, em uma casa, em condições que posteriormente se desorganizaram, já que o pai começou a viajar, a se afastar e a beber.

Após essas entrevistas vinculares, propus inaugurar um espaço individual com W.

Algumas hipóteses para pensar o que acontece

Antes de iniciar as primeiras sessões individuais, formulo algumas hipóteses. Embora situações de abuso sexual não apareçam no relato que a mãe nos conta da história de W., a repetição de uma tentativa de intrusão no corpo do irmão e uma efetiva intrusão no corpo da sobrinha, e o fato de haver tampado a boca da menina para ela não gritar pareciam indicativos de algo da ordem de uma intrusão vivida passivamente, com efeitos traumáticos, que agora se repetia ativamente para conseguir algum tipo de processamento. Essa experiência intrusiva poderia ter a ver com a exposição de sexualidade pelos pais quando o pai vinha passar um dia e tinha relações com a mãe. Eles viviam em um ambiente muito pequeno, em uma pensão.

Seria uma questão de "colocar o pipi" como o pai fazia com a mãe? Até o fato de tampar a boca para não gritar poderia remeter a uma situação excessiva vista e ouvida, em relação à sexualidade de seus pais.

Com respeito ao ato abusivo, parece tratar-se de um impulso do tipo passagem ao ato. Dá a impressão de que se tratou de uma desconexão com o outro. Não parece ter um significado para o sujeito a não ser um exercício pulsional direto.

Não se observava angústia, nem culpa, nem vergonha. Provavelmente sua pobreza simbólica contribuía para isso.

Sessões com W.: a experiência de onipotência[5] como etapa essencial

Eu pergunto a W. o que ele gosta de fazer. Quando pergunto se gosta de desenhar, ele responde, depois de algumas sessões em que ainda não respondia, balançando a cabeça que "não". Pergunto se ele gosta

5 Winnicott refere-se à experiência constitutiva que consiste em sentir que o bebê é quem cria o objeto, quando o adulto lhe oferece de maneira bastante ajustada o que ele precisa. Para essa experiência acontecer é necessário um adulto emocionalmente disponível para o bebê.

de brincar. Ele diz que sim. Questionado sobre qual brincadeira ele prefere, ele diz, pela primeira vez em palavras, chinchón. Respondo que este é meu jogo de cartas favorito. Sugiro que eu traga um baralho para jogar na próxima sessão.

A partir da sessão seguinte, inicia-se um jogo de chinchón, até 100 pontos, que duraria dois meses. A ideia de prolongar o mesmo jogo de sessão para sessão parecia uma forma de construir uma continuidade com um jovem cuja história me anunciava muitas rupturas e fragilidades.

Começa o jogo. Depois de um tempo, cortei com uma carta grande e ele me diz que não pode, mostrando que vai controlar o cumprimento das regras. Toda vez que eu corto, levanta a carta para ver se eu fiz de acordo com as regras. A onipotência aqui é um controle sobre a realidade e sobre mim. Ele não quer perder e quer me controlar. Eu o deixo fazer isso.

Percebo que W. começa a vir sem tanta resistência, se vê ele sorrir, se vê ele entusiasmado.

O lugar que W. ocupa como controlador de que se cumpram as regras do jogo orientou-me que a necessidade de vivenciar a onipotência estava em jogo. Parti da hipótese de que, em seus laços primários, sua experiência de "criar o objeto" não tenha se desenvolvido de modo suficiente, com um pai e uma mãe que pudessem dar apoio a isso, e que parte desse caminho não percorrido deveria poder ocorrer na análise comigo. Nessa altura dos acontecimentos, fiquei bastante satisfeita por ter realizado algumas operações que, a meu ver, nos permitiram iniciar esse caminho: suportar seus silêncios sem ser intrusiva e perguntar-lhe o que gostava de fazer colocando-me à sua disposição foram as pré-condições para que surgisse algo genuíno dele, rompendo as barreiras defensivas do que parecia um negativismo inicial.

> *A mãe suficientemente boa satisfaz a onipotência do bebê e, em certa medida, também lhe dá sentido . . . O self verdadeiro começa a ter vida graças à força que confere ao ego frágil do bebê a instrumentação da mãe às expressões onipotentes deste. A mãe que não é suficientemente boa não é capaz de instrumentar a onipotência do bebê, de maneira que falha repetidamente em satisfazer o gesto do filho. Em vez disso, ela o substitui por seu próprio gesto, que adquirirá significado com a submissão do bebê. (Winnicott, 1993a)*

Num dos jogos eu faço chinchón com cartas que vão do 5 em diante e ele me diz que a regra não permite, que tem que ser com cartas até 7. Digo-lhe que não conhecia bem a regra e não sabia que tinha feito algo proibido. Digo-lhe que às vezes é possível se confundir acerca do que pode e do que não pode ser feito, uma vez que ninguém transmitiu isso para você.

Chegamos com W. a um ponto da partida em que ele estava prestes a ultrapassar os 100 pontos definidos como limite, ou seja, ele estava prestes a perder o jogo. Ele me anuncia que vamos passar o limite de 100 para 120 pontos. Aceito sua decisão. Eu o deixo decidir as regras e me adapto a ele.

Estando então prestes a perder o jogo, com 115 pontos, faço chinchón com cartas de 1 a 7 (condições para ganhar o jogo de acordo com a regra). Ele me diz que se eu fiz chinchón, posso deduzir 20 em vez de 10 pontos. Ou seja, desconhece que eu ganhei definitivamente o jogo.

Embora saiba, finge que não existe proibição de seguir o jogo.

Enquanto aceito as mudanças que ele propõe, penso que qualquer interpretação verbal de tudo isso teria rompido a magia desse encontro em que ele projetava e levava adiante o projeto desejado: ser o criador e diretor desse mundo transicional que havia sido criado. entre nós.

Nota-se que ele não aceita perder e faz coisas para evitá-lo. Ele estabelece leis no regulamento criado por ele que, posteriormente, não reconhece, o que pareceria expressão de uma cisão do ego. Ele não quer perder nem se coloca o conflito que fica exposto no jogo, pelo qual ele poderia perder. Ele desconhece isso.

Existe uma situação interessante em relação às intervenções psicanalíticas. Ele continua mudando as regras, inclusive inventando algumas. Entendo que é muito importante que ele monitore o jogo e que eu aceite as alterações do regulamento que ele propõe. Minha função como analista seria marcar os limites da realidade no enquadre: os horários, a hora de entrar e sair da sessão, garantir que o baralho esteja disponível a cada semana. Mas para que a experiência da onipotência se desenvolva, devo dar suporte ao jogo que ele propõe: que ele seja o criador de todas as regras e que eu aceite que ele seja aquele que sabe.

Eu, como analista, defino que faz parte do jogo que ele possa mudar o regulamento. Isso não é endossar a transgressão, porque eu a enquadro de forma que a transgressão aconteça no jogo, não na realidade. Na realidade, eu estabeleço as diretrizes que ele tem de aceitar (horários, encerramento da sessão etc.).

> *Cada criança deve ter capacidade de criar o mundo ou, ao contrário, este não terá sentido; a técnica adaptativa da mãe permite que a criança sinta essa criação como um fato. Cada bebê deve ter uma experiência de onipotência suficiente, porque só assim ele poderá adquirir a capacidade de transferir essa onipotência à realidade externa. (Winnicott, 1991a)*

Como entra a renúncia da onipotência para aceitar a castração, o limite e a lei? Apresenta-se a mim um debate com a psicanálise clássica, que poderia pensar o analista intervindo de modo a não permitir que ele modifique o regulamento e marcando a realidade como se esta pudesse ingressar no aparelho psíquico a partir de uma instância superegoica. Em concordância com Winnicott, entendo que é o contrário: a partir do desenvolvimento da onipotência, o ego se fortalece e, a partir dessa força, certamente poderá decidir não ceder a determinado impulso e trocá-lo por outro.

A função do analista será possibilitar e dar sustentação ao desenvolvimento dessa experiência para que mais tarde possa tolerar as renúncias que a realidade exige do ego. Se ele desenvolver essa experiência, em algum momento começará também a seguir as regras e a suportar perder? Teria de ver.

O que foi fundamental para que essa análise se sustentasse por um tempo foi o compromisso da mãe em continuar a trazê-lo.

Algumas considerações sobre os casos clínicos apresentados: comparação diagnóstica

No caso de D., vemos um ego oprimido pelo impulso e um adolescente que sente esse impulso como algo estranho a ele. Existe um conflito intrapsíquico. Aparentemente, estamos lidando com uma organização neurótica.

Nos termos de Enrique Carpintero, estaríamos no terreno do desamparo. Não se trataria de um ódio primário de desvalimento, e surgiria o desligado, que poderia ligar-se novamente por meio do processamento simbólico.

O ato compulsivo parece estar a serviço de restaurar a satisfação narcísica perdida diante do sentimento de desvalorização e abandono do pai. Não há um ego cindido, o da perversão. Existe um ego em conflito com seu ato compulsivo.

Vemos um sujeito que se envergonha e teme perder o amor de sua mãe e sua avó, ainda que no momento da compulsão tenha o prazer de não estar no lugar passivo, mas no ativo de submeter o outro. Parece haver condições e desejo de analisar sua compulsão.

No caso de G., vemos inicialmente um ego cindido, identificado com o impulso, sem angústia e para o qual os outros parecem uma coisa para a sua satisfação. É assim que ele conta a situação abusiva com suas primas sem considerar minimamente os sentimentos delas, apenas como algo que ele precisava provar.

No entanto, G. parecia estar permeado de modo não homogêneo por uma corrente perversa. Isso possibilitou que, em algum momento, ele começasse a questionar se havia submetido suas primas.

No caso de G., estamos diante da predominância de mecanismos de negação e de cisão do ego. O início do tratamento se sustenta graças à angústia da mãe, até que, aos poucos, instala-se uma solicitação de G.

Já no caso de W., não surge angústia nem perguntas sobre seus atos abusivos. A angústia materna é que sustenta o início do que talvez possa resultar um processo, e essa continuidade é essencial. Também encontramos cisão do ego e passagem ao ato.

É fundamental verificar se o adolescente tem possibilidade ou não de estabelecer laços de amor, solidariedade, empatia com os outros. Também cuidar deles e mantê-los. Nesse caso, estaria em jogo o principal prognóstico para uma transformação subjetiva.

No caso de D., vê-se o cuidado no vínculo com os amigos e na relação transferencial na análise. O cumprimento às normas do hospital, aprender a viajar mesmo vindo de muito longe e chegar a tempo, já que sua mãe não podia trazê-lo por motivos de trabalho.

No caso de G., quando chegou ao hospital, ele não tinha vínculos com os pares. Rejeitava qualquer contato social. Ao longo do tratamento, e após o corte ocorrido com a família do tio, ele começou a criar laços muito significativos na igreja. Não queria perder os ensaios da banda e estabeleceu um vínculo importante com o pastor.

No caso de W., existem condições diferentes. Não há vínculos com os companheiros, aliás, esse foi outro motivo de consulta da mãe (não o dele, pois não parecia sofrer com a ausência de laços de amor com os pares), nem surge em nenhum momento a condenação de suas ações por parte de seu superego. Não há angústia nem vergonha.

Quando, nas primeiras entrevistas, ele não fala, não expressa emoção, nem aceita que precise se consultar, pareceria mostrar que ele não cumpriria qualquer outra lei que não a que ele determinou, não aceitando a lei do hospital. que representa o social.

Parecia que W. poderia ter condições para a constituição de uma perversão.

O risco de diagnosticar a partir de um comportamento

O diagnóstico sempre requer que se tome um tempo prolongado para que a subjetividade do adolescente vá se desenvolvendo na transferência, e por meio do instrumento da contratransferência é possível chegar a uma perspectiva que nos permita saber que modalidade de constituição subjetiva estamos enfrentando.

Um dos maiores riscos é fazer um diagnóstico a partir de um ou de alguns comportamentos. Por esse motivo, os diagnósticos que associam ou coletam sintomas ou comportamentos não são confiáveis. Não se compreende o que acontece a um sujeito, mas se dá nome a uma série de comportamentos, o que é algo bem diferente.

Um dos achados mais auspiciosos é que alguns dos adolescentes que vieram à consulta por terem apresentado comportamentos que prejudicaram outro sujeito, ao longo do processo diagnóstico e terapêutico, ao serem acolhidos, vão produzindo transformações subjetivas e surgem seus próprios sofrimentos e pedidos de ajuda.

Uma posição política: acolher esses adolescentes no espaço clínico

Poderíamos nos perguntar se há possibilidades de transformação subjetiva para uma perversão que estivesse se constituindo em um adolescente. Parece difícil que as consultas a que chegam trazidos pelas mães, e nas quais durante as primeiras entrevistas não aparece angústia, e para as quais continuam vindo pelo receio de serem punidos, mas sem surgimento de culpa, poderiam se transformar em uma solicitação de tratamento por parte do jovem para compreender e poder pensar sobre o que fez.

Do meu ponto de vista, sempre pode haver uma possibilidade, especialmente quando estamos frente a um adolescente. Valeria a pena tentar um tratamento, na medida em que houvesse alguém, como nesses casos as mães, disposto a apoiá-lo. Essa é a chave no começo. Trata-se de uma aposta que se baseia no reconhecimento que outorgamos ao valor da resposta do meio ambiente.

Estamos diante da possibilidade de contribuir para que alguns adolescentes que poderiam tornar-se abusadores não venham a sê-lo, em virtude de um novo traço que poderia inscrever-se por meio acolhimento e possibilidade de instalação de um vínculo transferencial diferente do vínculo com seus objetos originários.

Os adolescentes que recebemos com esses comportamentos sexuais abusivos, que geralmente têm entre 12 e 14 anos, se subjetivaram em condições adversas de acolhimento no âmbito familiar, mas também no ambiente social. Rejeição, marginalização, violência não foram apenas respostas das funções maternas e paternas, mas muitas vezes também de outras instituições do Estado, como escolas, por exemplo, ou instituições de abrigo, ou de saúde, com base na dificuldade de combinar recursos para construir estratégias de apoio.

Geralmente são adolescentes que requerem cuidados especiais, pois sua forma de reivindicá-los, muitas vezes, tem a ver com comportamentos antissociais, que requerem conceituações precisas para compreendê-los que vão em direção diferente do senso comum. E, ao mesmo tempo, às vezes precisam de toda uma rede de diferentes disciplinas e setores unidos e concordantes.

As instituições, e especialmente as instituições de saúde mental, têm potencial de oferecer a esses adolescentes o acolhimento necessário para processar emoções para as quais nunca tiveram alguém significativo que pudesse dar-lhes suporte.

O alcance da transferência no quadro da psicoterapia psicanalítica com esses jovens, e a contenção dos terapeutas que os tratam pela equipe de saúde a que pertencem, são os aportes mínimos necessários para suportar as oscilações transferenciais e contratransferenciais que se desencadeiam. Isso implica poder contar com ao menos um espaço para terapia individual e outro para terapia familiar, e supervisões que incluam ambos os terapeutas. Espaços terapêuticos em grupo ou multifamiliares também podem ser propícios em um segundo estágio.

É importante lembrar que o que está em jogo para esses adolescentes é não ter sido amparados, cuidados, protegidos, considerados sujeitos pelos outros, e a transformação ocorrerá na medida em que haja alguém que esteja disponível para um processo em que seja possível construir confiança e intimidade e que apoie o que vai se repetir na transferência sem sucumbir. Tolerar costuma ser a operação fundamental.

Mas, para isso, é necessário que haja vontade política para gerar um espaço de acolhimento para esses jovens a partir da direção das equipes de saúde mental.

Um achado clínico

Quando comecei a cuidar desses casos, há cerca de dez anos, parti de uma hipótese que queria ver se seria corroborada na clínica, a de que adolescentes que tinham essas compulsões teriam sofrido abuso sexual na infância. Descobri que isso não aconteceu em muitos dos casos. Esse antecedente só ocorreu em alguns casos.

Não obstante, houve algo que se repetia na grande maioria: um pai que falhou na transmissão das leis, em alguns casos teve presença significativa nos primeiros anos de vida e depois desapareceu, geralmente não por ter morrido, mas por outras razões, portanto, houve abandono e falta de reconhecimento por parte do pai com o correlato no filho de dor psíquica muito profunda. Muitas vezes, não só na criança, mas também na mãe e nos irmãos. Geralmente a mãe teve dificuldades para se sustentar depois nas funções de apoio e na transmissão das leis.

Sem tentar responder de maneira rápida como esses dados de ausência paterna se articulam com esse tipo de comportamento, poderíamos fazer algumas perguntas.

Em cada cultura e momento histórico existem comportamentos considerados imorais.

Na medida em que o psiquismo se constitui em uma cultura, os sujeitos renunciam a exercer determinados comportamentos que poderiam ser rejeitáveis nessa esfera de pertencimento.

A vergonha mostraria que existe o desejo de exercer algo que para o próprio sujeito é proibido e está ligado à autoestima do ego em termos morais. Ou seja, vinculado ao que pensa que se deve fazer para ser amado pelo outro. A presença dessa vergonha é o que determina que esse ato não seja praticado e mostra que a repressão está em funcionamento como mecanismo defensivo.

Mas há circunstâncias em que irrompe um impulso, uma vez que a repressão não está operante e, portanto, não há vergonha, o que torna possível essa irrupção. Ou a defesa não se constituiu, ou existe, mas fracassa, e o ato compulsivo irrompe.

Se tivermos uma concepção exógena do aparelho psíquico, ou seja, que para que os inibidores de impulsos funcionem deve haver ao menos um adulto por quem se sentiu amado, que instalou e regulou mecanismos de distribuição de energia psíquica, poderíamos perguntar-nos o que acontece no caso de adolescentes que nos momentos iniciais perderam a presença paterna, o que teve resultado traumático, e em muitos casos ficaram à mercê de uma mãe que se deprimiu ou se oprimiu em suas possibilidades de exercer tais funções reguladoras, em muitos casos formando novos casais com sujeitos violentadores, por exemplo.

Estaríamos no terreno que Donald Winnicott assinala como *tendência antissocial*: foi perdido um suprimento ambiental muito valioso. Desenvolveu-se uma tendência antissocial sob a forma de destrutividade que convoca o ambiente a dar-lhe alguma resposta que proporcione o necessário para atender às necessidades de seu ego, até ele poder introjetar figuras com função paterna e mantê-las.

Esta e muitas outras questões podem ser auspiciosas para continuar pensando no futuro.

Trata-se de hipóteses sobre como se constroem em nossa cultura as masculinidades que levam ao crescimento do número de abusadores sexuais. E de qual é a nossa responsabilidade de intervir o mais rápida e eficazmente possível para contribuir com algo que consiga desarticular esse destino.

Referências

Aguirre, E., Burkat Noé, M., Fernandez, A., Gaspari, A., & Haftel, C. (2008). *La sexualidad y los niños, Ensayando intervenciones.* Buenos Aires: Lugar Editorial.

Aulagnier, P. (1994). *Los destinos del placer. Alienación, amor, pasión.* Buenos Aires: Paidós.

Barzani, C. (2014, nov.). Orgía de consumo. Pornografía, pospornografía y consumismo. *Revista Topía*, (72).

Barzani, C. (Comp.). (2015). *Erotismo y Pornografía.* Buenos Aires: Topía.

Benyakar, M. (2015). Trauma: Del damnificado a la víctima. De lo personal a lo social, de la tragedia al mito. Trabalho apresentado em *XI Congreso Latinoamericano de Psicoterapia.*

Benyakar, M., & Lezica, A. (2005). *Lo traumático. Clínica y Paradoja. El proceso traumático* (Tomo 1). Buenos Aires: Biblos.

Berezin, A. (1998). *La oscuridad en los ojos. Ensayo psicoanalítico sobre la crueldad.* Buenos Aires: Homo Sapiens.

Berezin, A. (Coord.). (2006). *Nuevas Variaciones de Clínica Psicoanalítica*. Buenos Aires: Letra Viva.

Bleichmar, S. (1988). Trauma y Neurosis en la infancia. *Revista Asociación Argentina de Psicoterapia para Graduados*, (15).

Bleichmar, S. (1999). *Clínica psicoanalítica y neogénesis*. Buenos Aires: Amorrortu.

Bleichmar, S. (2000). *Traumatismo y simbolización*. Seminário anual no Hospital Infantil Ricardo Gutierrez, Buenos Aires.

Bleichmar, S. (2006a). *Paradojas de la sexualidad masculina*. Buenos Aires: Paidós.

Bleichmar, S. (2006b). La deconstrucción del acontecimiento. In L. G. Fiorini, C. M. Aslan, & S. Bleichmar, *Tiempo, Historia y Estructura. Su impacto en el psicoanálisis contemporáneo*. Buenos Aires: Lugar Editorial, APA.

Bleichmar, S. (2010a). *Psicoanálisis extramuros. Puesta a prueba frente a lo traumático*. Buenos Aires: Entreideas.

Bleichmar, S. (2010b). *El desmantelamiento de la subjetividad. Estallido del Yo*. Buenos Aires: Topía.

Bleichmar, S. (2011). *La construcción del sujeto ético*. Buenos Aires: Paidós.

Bleichmar, S. (2014). *Las teorías sexuales en Psicoanálisis. Qué permanece de ellas en la práctica actual*. Buenos Aires: Paidós.

Bleichmar, S. (2016). *Vergüenza, culpa, pudor. Relaciones entre la psicopatología, la ética y la sexualidad*. Buenos Aires: Paidós.

Caeiro, A. (2008, jul.). Abstinencia y neutralidad vs. compromiso e implicación. *Revista Topía*.

Calmels, J., & Mendez, M. L. (Eds.). (2007). *El incesto: un síntoma social. Una perspectiva interdisciplinaria*. Buenos Aires: Biblos.

Calvi, B. (2005). *Abuso sexual en la infancia. Efectos psíquicos*. Buenos Aires: Lugar Editorial.

Capacete, L. (2001). Acerca del incesto. El perverso y la ley. *Revista Psicoanálisis y El Hospital*, (19).

Capacete, L. (Comp.). (2017). *Jóvenes con conductas sexuales violentas*. Buenos Aires: Letra Viva.

Carbajal, M. (2017, 16 abr.). Rita Segato, o caso Micaela e uma visão do feminismo sobre o estupro. Com mais prisões não resolvemos o problema. *Diario*, p. 12.

Carpintero, E. (1998, nov.). El exceso de realidade produce monstruos. *Revista Topía*, (24).

Carpintero, E. (2001, mar.). El giro del psicoanálisis. *Revista Topía en la Clínica*, (5).

Carpintero, E. (2007). *La alegría de lo necesario. Las pasiones y el poder en Spinoza y Freud*. Buenos Aires: Topía.

Carpintero, E. (2014a). *El erotismo y su sombra. El amor como potencia de ser*. Buenos Aires: Topía.

Carpintero, E. (2014b, ago.). Para comerte mejor. De la alimentación a la gastronomía de la sociedad consumista. *Revista Topía*, (71).

D'Atri, A. (2014, abr.). La compleja relación entre patriarcado y capitalismo. Oprobios inmerecidos y derechos conquistados. *Revista Topía*, (70).

Dejours, C. (2006). *La banalización de la injusticia social*. Buenos Aires: Topía.

Díaz, E. (1993). *La sexualidad y el poder*. Buenos Aires: Almagesto, Rescato.

Dueñas, G., Kahansky, E., & Silver, R. (Comps.). (2013). *Problemas e intervenciones en la clínica*. Buenos Aires: Noveduc.

Eco, U., & Sebeok, T. (1989). *El signo de los tres: Dupin, Holmes, Peirce*. Barcelona: Lumen.

Fariña, N., & Volnovich, J. (Orgs.). (2016). *CIENA, 5 años después. Contribuciones a las prácticas de niños, niñas y adolescentes objeto de malos tratos y abuso sexual*. Buenos Aires: Local Editorial.

Ferenczi, S. (1933). *Confusión de lengua entre los adultos y el niño. El lenguaje de la ternura y de la pasión* (Vol. 31, Problemas y métodos del Psicoanálisis). Buenos Aires: Paidós: 1966.

Fernández, A. M. (2012). *Las lógicas sexuales: amor, política y violencias*. Buenos Aires: Nueva Visión.

Fernández, A. M. (2015). *Jóvenes de vidas grises. Psicoanálisis y Biopolítica*. Buenos Aires: Nueva Visión.

Fernandez Boccardo, M. (2012). *Mujeres que callan*. Buenos Aires: Entreideas.

Ferraz, F. (2005). *Tempo e Ato na Perversão*. São Paulo: Casa do Psicólogo.

Freud, S. (1975). *Obras Completas* (Lopez Ballesteros, trad.). Madrid: Biblioteca Nueva.

Fromm, E. (1980). *Tener o ser?* Buenos Aires: Fondo de Cultura Económica.

Giberti, E. (2014). *Incesto paterno/filial, Una visión desde el género*. Buenos Aires: Noveduc.

Giberti, E. (2015). *Abuso sexual contra niños, niñas y adolescentes. Un daño horroroso que persiste al interior de las familias*. Buenos Aires: Noveduc.

Grande, A. (Comp.). (2008). *La sexualidad represora*. Buenos Aires: Topía.

Grassi, A., & Cordova, N. (2010). *Entre niños, adolescentes y funciones parentales. Psicoanálisis e interdisciplina*. Buenos Aires: Entreideas.

Guinzburg, C. (1999). *Mitos, emblemas, indicios*. Barcelona: Gedisa.

Gutton, P. (1993). *Lo puberal*. Buenos Aires: Paidós.

Hazaki, C. (2010). *El cuerpo mediático*. Buenos Aires: Topía.

Hazaki, C. (Comp.). (2012). *La Crisis del Patriarcado*. Buenos Aires: Topía.

Intebi, I. (2011). *Abuso sexual en las mejores familias*. Buenos Aires: Granica.

Kancyper, L. (2014). *Amistad. Una hermandad elegida. Estudio psicoanalítico*. Buenos Aires: Lumen.

Kandel, E. (2016, jan.). Doscientos años de división sexual del trabajo. *Revista Topía*.

Lacan, J. (2007). *El seminario de Jacques Lacan: libro 10. La angustia*. Buenos Aires: Paidós.

Lapassade, G. (1979). *El analizador y el analista*. Barcelona: Gedisa.

Laplanche, J. (1981). *El inconciente y el ello*. Buenos Aires: Amorrortu.

Laplanche, J. (1987). *Nuevos Fundamentos para el Psicoanálisis. La seducción originaria*. Buenos Aires: Amorrortu.

Laplanche, J., & Pontalis, J.-B. (1968). *Diccionario de Psicoanálisis*. Barcelona: Presses Universitaires de France.

Masson, J. M. (1985). *El asalto a la verdad. La renuncia de Freud a la teoría de la seducción*. Barcelona: Seix Barral.

Meler, I. (2010, ago.). La vitalidad del patriarcado. *Revista Topía*, (59).

Meler, I. (Comp.). (2017). *Psicoanálisis y género. Escritos sobre el amor, el trabajo, la sexualidad y la violencia*. Buenos Aires: Paidós.

Monteleone, R. (2016). Abuso sexual infantil. La retractación de la víctima y sus consecuencias procesales. In H. Marchiori (Dir.), *Victimología 5*. Córdoba: Encuentro Grupo Editor.

Morici, S., & Donzino, G. (Comps.). (2017). *Problemáticas adolescentes. Intervenciones en la clínica actual*. Buenos Aires: Noveduc.

Pereira França, C. (Org.). (2010). *Perversão. As engrenagens da violência sexual infantojuvenil*. Rio de Janeiro: Imago.

Pereira França, C. (Org.). (2014). *Tramas da perversão. A violência sexual intrafamiliar*. São Paulo: Escuta.

Pereira França, C. (2015). *Traços da identificação com o agressor no psiquismo infantil*. Trabalho apresentado no encontro "O trabalho criativo do analista", convocado pela Extensão Universitária da Faculdade de Psicologia da Universidade de Rosário.

Pereira França, C. (Org.). (2017). *Ecos do silêncio: reverberações do traumatismo sexual*. São Paulo: Blucher.

Perrone, R., & Nannini, M. (2010). *Violencia y abusos sexuales en la familia. Una visión sistémica de las conductas sociales violentas*. Buenos Aires: Paidós.

Rabello de Castro, L. (Comp.). (2001). *Infancia y adolescencia en la cultura del consumo*. Buenos Aires: Lumen.

Raices Montero, J. (2012, ago.). Síndrome de alienación parental. *Revista Topía*, (65).

Rodriguez, J. (2003). *Entresesiones. Lealtades sencillas*. Buenos Aires: Letra Viva.

Rodriguez, J. (2015). *Soñar con los dedos. Entre Freud y Winnicott*. Buenos Aires: Letra Viva.

Rodriguez, J., Cornejo, A., De Vicenzi, M., Fernandez, C., García, M., Germade, A., Heffele, B., Madrigal, M., & Sajaroff, S. (2017). *De la inquietud a la confianza*. Buenos Aires: Letra Viva.

Rodulfo, R. (2009). *Trabajos de la lectura, lecturas de la violencia. Lo creativo-lo destructivo en el pensamiento de Winnicott*. Buenos Aires: Paidós.

Rozanski, C. (1994). *Abuso sexual infantil. ¿Denunciar o silenciar?* Buenos Aires: Ediciones B.

Santoro, S. (2016, 21 fev.). *Diario*, p. 12.

Segato, R. (2003). *Estructuras elementales de la violencia*. Bernal: Universidade Nacional de Quilmes.

Sibilia, P., Sotolano, O., Rizzani, M., Toporosi, S., Espinosa, R., Korenblit, M., Lewcowicz, M., Granica, A., Müller, E., & Franco, I. (2010). *La intimidad. Un problema actual del psicoanálisis*. Buenos Aires: Psicolibro.

Sternbach, S. (2016). *Tramas. Teoría, clínica y ficciones para un psicoanálisis contemporáneo*. Buenos Aires: Letra Viva.

Tagle, A. (2016). *Del juego a Winnicott. Una revolución silenciosa*. Buenos Aires: Lugar Editorial.

Thom, R., & Roger, D. (1999). *El inconciente y la ciencia*. Buenos Aires: Amorrortu.

Toporosi, S. (2005, ago./out.). Algunas claves para el diagnóstico del abuso sexual infantil. *Revista Topía*, (44).

Toporosi, S. (2008, nov.). ¿Juegos sexuales, conductas abusivas o prácticas sexuales entre niños? *Revista Topía*, (54).

Toporosi, S. (2010, nov.). ¿Qué nos pasa a los adultos con la sexualidad de los niños? *Revista Topía*, (57).

Toporosi, S. (2013, abr.). Diferencias diagnósticas en adolescentes con conductas sexuales abusivas. *Revista Topía*, (67).

Toporosi, S. (2014a, abr.). Justicia patriarcal. ¿Cómo obstruye en casos de abuso sexual infantil? *Revista Topía*, (70).

Toporosi, S. (2014b, nov.). Manifestaciones de la sexualidad infantil actual. *Revista Topía*, (72).

Uchitel, M. (2001). *Neurose Traumática. Uma revisão crítica do conceito de trauma*. São Paulo: Casa do Psicólogo.

Ulloa, F. (1995). *Novela Clínica psicoanalítica. Historial de una práctica*. Buenos Aires: Paidós.

Vainer, A. (2010, abr.). Contratransferencia y subjetividad del analista. Cien años después. *Revista Topía*.

Volnovich, J. R. (Comp.). (2002). *Abuso sexual en la infancia*. Buenos Aires e Cidade do México: Lumen.

Volnovich, J. R. (Comp.). (2006). *Abuso sexual en la infancia 2*. Buenos Aires e Cidade do México: Lumen.

Volnovich, J. R. (Comp.). (2008). *Abuso sexual en la infancia 3*. Buenos Aires e Cidade do México: Lumen.

Volnovich, J. C. (2005, ago.). Para releer a Freud: Cien años de Tres ensayos para una teoría sexual. *Revista Topía*, (44).

Volnovich, J. C. (2006). *Ir de putas. Reflexiones acerca de los clientes de la prostitución*. Buenos Aires: Topía.

Waisbrot, D., Wikinski, M., Rolfo, S., Slucki, D., & Toporosi, S. (2003). *Clínica Psicoanalítica ante las catástrofes sociales. La experiencia argentina*. Buenos Aires: Paidós.

Viñar, M. (1993). *Fractura de memoria*. Montevideo: Trilce.

Wikinski, M. (2016). *El trabajo del testigo. Testimonio y experiencia traumática*. Buenos Aires: La Cebra.

Winnicott, D. W. (1979). *Escritos de Pediatría y Psicoanálisis*. Barcelona: Laila.

Winnicott, D. W. (1991a). *Deprivación y delincuencia*. Buenos Aires: Paidós.

Winnicott, D. W. (1991b). *Exploraciones Psicoanalíticas I*. Buenos Aires: Paidós.

Winnicott, D. W. (1993a). *Los procesos de maduración y el ambiente facilitador. Estudios para una teoría del desarrollo emocional*. Buenos Aires: Paidós.

Winnicott, D. W. (1993b). *La naturaleza humana*. Buenos Aires: Paidós.

Winnicott, D. W. (1995). Realidad y Juego. Barcelona: Gedisa.

Série Psicanálise Contemporânea

Adoecimentos psíquicos e estratégias de cura: matrizes e modelos em psicanálise, de Luís Claudio Figueiredo e Nelson Ernesto Coelho Junior

O brincar na clínica psicanalítica de crianças com autismo, de Talita Arruda Tavares

Budapeste, Viena e Wiesbaden: o percurso do pensamento clínico-teórico de Sándor Ferenczi, de Gustavo Dean-Gomes

Clínica da excitação: psicossomática e traumatismo, de Diana Tabacof

Do pensamento clínico ao paradigma contemporâneo: diálogos, de André Green e Fernando Urribarri

Do povo do nevoeiro: psicanálise dos casos difíceis, de Fátima Flórido Cesar

Em carne viva: abuso sexual de crianças e adolescentes, de Susana Toporosi

Escola, espaço de subjetivação: de Freud a Morin, de Esméria Rovai e Alcimar Lima

Expressão e linguagem: aspectos da teoria freudiana, de Janaina Namba

Fernando Pessoa e Freud: diálogos inquietantes, de Nelson da Silva Junior

Heranças invisíveis do abandono afetivo: um estudo psicanalítico sobre as dimensões da experiência traumática, de Daniel Schor

Histórias recobridoras: quando o vivido não se transforma em experiência, de Tatiana Inglez-Mazzarella

A indisponibilidade sexual da mulher como queixa conjugal: a psicanálise de casal, o sexual e o intersubjetivo, de Sonia Thorstensen

Interculturalidade e vínculos familiares, de Lisette Weissmann

Janelas da psicanálise: transmissão, clínica, paternidade, mitos, arte, de Fernando Rocha

O lugar do gênero na psicanálise: metapsicologia, identidade, novas formas de subjetivação, de Felippe Lattanzio

Os lugares da psicanálise na clínica e na cultura, de Wilson Franco

Metapsicologia dos limites, de Camila Junqueira

Os muitos nomes de Silvana: contribuições clínico-políticas da psicanálise sobre mulheres negras, de Ana Paula Musatti-Braga

Nem sapo, nem princesa: terror e fascínio pelo feminino, de Cassandra Pereira França

Neurose e não neurose, 2. ed., de Marion Minerbo

A perlaboração da contratransferência: a alucinação do psicanalista como recurso das construções em análise, de Lizana Dallazen

Psicanálise e ciência: um debate necessário, de Paulo Beer

Psicossomática e teoria do corpo, de Christophe Dejours

Relações de objeto, de Decio Gurfinkel

Sabina Spielrein: uma pioneira da psicanálise – Obras Completas, volume 1, 2. ed., com organização, textos e notas de Renata Udler Cromberg

Sabina Spielrein: uma pioneira da psicanálise – Obras Completas, volume 2, com organização, textos e notas de Renata Udler Cromberg

O tempo e os medos: a parábola das estátuas pensantes, de Maria Silvia de Mesquita Bolguese

Tempos de encontro: escrita, escuta, psicanálise, de Rubens M. Volich

Transferência e contratransferência, 2. ed., de Marion Minerbo

GRÁFICA PAYM
Tel. [11] 4392-3344
paym@graficapaym.com.br